¡Maximiza!

12 Llaves para Liberar Tu Mayor Potencial

DR. PETER RIOS

Josue,

You are special and a gift from God to this world. Continue to fight the good fight of faith!

¡Maximiza! 12 Llaves Para Liberar Tu Mayor Potencial

Publicación Independiente por Peter Rios Consulting, LLC

ISBN: 979-8-89269-5978

Edición, Revisión & Diseños: Benny Rodríguez (AcademiaDeAutores.com)

Categoría: Desarrollo Personal / Liderazgo

Con amor, en memoria de mi abuela, Lourdes Méndez, y mi abuelo, Pedro Rios.

Endosos

"Como latina que también creció en los proyectos rodeada de pobreza y decisiones que podrían haber cambiado la trayectoria de mi vida y no para mejor. Cuanto daría para que este libro, ¡Maximiza!: 12 llaves para liberar tu mayor potencial, hubiera estado disponible cuando estaba creciendo. Esta extraordinaria guía es un faro de esperanza, que ofrece ideas invaluables y estrategias prácticas para desbloquear el verdadero potencial de uno. Te permite trascender las circunstancias desafiantes y proporciona un mapa para alcanzar nuevas alturas de éxito y satisfacción. Una lectura obligada para cualquiera que busque superar la adversidad y maximizar el potencial de su vida. Tus circunstancias no tienen la última palabra; Dios la tiene".

Rev. Dra. Elizabeth Ríos
Fundadora, Red Passion2Plant
Miramar, Florida

"El Dr. Rios muestra una inmensa vulnerabilidad en este libro, al contar sus experiencias de vida, como haber sido arrestado a los 15 años de edad. Son experiencias con las que podrías identificarte. Justo cuando crees que has perdido toda esperanza, o cuando piensas en ti mismo como una vergüenza para tu familia y la sociedad, el Dr. Rios te muestra que los errores no te definen, sino que te fortalecen para alcanzar lo que pensabas que podría ser imposible y simplemente fuera de tu alcance. ¡Maximiza!, es una lectura fácil y entretenida que estoy segura te sacudirá y te animará a liberar tu mayor potencial".

Iris Delgado
Presentadora de Noticias y Periodista, Telemundo 31
Orlando, Florida

"El más reciente libro de Peter Rios, ¡Maximiza!: 12 llaves para liberar tu mayor potencial, ofrece consejos relevantes y prácticos para convertirte en la mejor versión de ti. Esta guía está escrita con claridad y proporciona ideas poderosas para lograr un cambio positivo y duradero en su vida. Este libro vale la pena".

Dr. Carlos Campo
Presidente, Ashland University
Ashland, Ohio

"El Dr. Rios ha tenido muchas experiencias de vida poderosas y desafiantes, pero siempre ha aprendido de ellas para su crecimiento. El autor comparte claramente lo que la vida le ha enseñado y te desafiara a crecer a través de una lectura realista, pero muy bien informada".

Dr. Brian Redmond
Profesor, Pennsylvania State University
State College, Pennsylvania

"El viaje de mi amigo, Dr. Peter Rios, va desde los proyectos hasta las alturas de la academia, verdaderamente es una inspiración para todos los que están en este viaje de autodescubrimiento. En este libro, el Dr. Rios nos lleva a una exploración de quiénes somos, de dónde somos, nuestros valores, nuestra fuente de empoderamiento y una comprensión de los dones que cada uno de nosotros trae al mundo para despertar al héroe dentro de cada uno de nosotros. ¡Maximiza!, te llevará a un viaje afirmativo de autodescubrimiento y reflexión contemplativa en la búsqueda de la mejor versión de ti mismo".

Byron Chung, MBA
Director Ejecutivo, Ignite Institute
Pacific School of Religion, Berkeley, California

"La vida puede llevarnos en tantas direcciones que fácilmente podemos alejarnos de la dirección hacia nuestro máximo potencial. Esto es una guía moderna con ideas clave y ejemplos relevantes que te ayudará a encaminarte por el camino más fructífero a seguir. El Dr. Rios es un líder con una historia increíble y su experiencia ha empoderado a líderes de todo el mundo. He tenido la bendición de aprender de él y sé que tú también lo harás".

Alexandra Zareth, M.Div.
Directora Fundadora, ZOE Network / La Red Zoe
Matamoros, Tamaulipas, México

"El Dr. Peter Rios ha escrito un libro de lectura obligada lleno de principios poderosos para cualquiera que esté dispuesto a aceptar el desafío de alcanzar su mayor potencial. Si no dedica tiempo a su bienestar, se verá obligado a dedicar tiempo a su enfermedad. ¡Maximiza el viaje de tu vida!"

Violeta Mora
Presidente y Estudiante de Medicina
Asociación Médica y Odontológica Cristiana
American University of the Caribbean, School of Medicine
St. Martín (Caribe)

"El libro más reciente del Dr. Rios, ¡Maximiza!, te inspirará a reflexionar sobre tu propia vida y como Dios ha estado presente a lo largo de ella. Querrás comenzar tu viaje, si es que aún no lo has hecho, de vivir tu propósito utilizando los dones únicos que Dios te ha otorgado. ¡Este libro no te decepcionará!"

Dr. Joel Pérez
Apoyo Coaching and Consulting, LLC
Los Ángeles, California

"Dios no se sorprende cuando pasas de cero a héroe, Él vio tu sustancia y potencial incluso cuando aún no existías en la tierra. Este libro activará tu fe y profetiza sobre tu ascenso, a través de Cristo Jesús, de la pobreza a la riqueza, de la oscuridad a la prominencia. Lee, levántate y desarrolla todo tu potencial hoy".

Apóstol Glenroy C. Collymore
Dunamis Outreach Ministries
Wesleyan Holiness Church
Barbados (Caribe)

"¡El Dr. Rios lo hizo de nuevo! En su segundo libro, los líderes se sentirán alentados e inspirados por el poder que una vida cambiada puede influenciar sobre muchos otros. Apoyo y respaldo encarecidamente este libro, donde el Dr. Rios nos llama a defender nuestra esfera y ámbito de influencia".

Dra. Dina Samora
Directora de Programas, Colorado State University- Global Campus
Prescott Valley, Arizona

"El Dr. Peter Rios motiva al lector con historias personales entremezcladas con la teoría del liderazgo. Su lectura es accesible; la calidad es rica; Las lecciones son aplicables. ¡Este libro está destinado a llevar tu liderazgo al siguiente nivel!"

Dr. Antipas L. Harris
Fundador y Presidente, Harris Institute at GIELD, Inc.

Dedicatoria

Este libro está dedicado a mi increíble compañera de vida y esposa, Ruby. ¡Me inspiras a diario! Juntos, hemos llegado a ser más de lo que jamás hubiéramos imaginado. Gracias por siempre animarme y apoyarme para convertirme en la mejor versión de mí mismo. ¡Sigamos maximizando!

Reconocimientos

Cualquiera que haya escrito un libro sabe que es un proceso largo y detallado. Por lo tanto, trabajar con un editor y una editorial es vital para el éxito de cualquier libro. Necesito agradecer al Dr. Benny Rodríguez y su equipo por ayudarme a maximizar la idea de este libro mediante ediciones, revisiones, pulido y publicación. Agradezco su atención al libro y su paciencia conmigo.

También necesito agradecer a varias personas que leyeron las primeras versiones del manuscrito, empezando por mi esposa Ruby, mi hermano Bryant Santana, mi prima Destiny Roque y mi mentora de vida, la Dra. Laila Denoya. Todos ustedes mejoraron este proceso al brindarme los comentarios y el aliento que necesitaba para seguir avanzando.

Finalmente, a toda mi familia y amigos, las organizaciones, colegas y mentores a lo largo de mi vida que han influido en mí, me han ayudado, alentado y guiado, y han volcado en mí para maximizar. Gracias por tomarse el tiempo para preocuparse por mí. Lo seguiré haciendo por otros.

CONTENIDO

PRÓLOGO

Jesús Manuel Torres

Desde nuestro nacimiento, ya nuestros padres y familiares se dan a la tarea de identificar el potencial que traemos internamente para la misión que tenemos aquí en la tierra. Recientemente, conversaba con un amigo que acaba de tener su bebé y me decía: *"Siempre está enojado, creo que tiene el carácter del papa"*. La verdad, querido lector, esto no ocurrió cuando usted llegó a la tierra. La biblia en el Salmo 139:16 (NTV) lo expresa de forma maravillosa:

> *"Me viste antes de que naciera. Cada día de mi vida estaba registrado en tu libro. Cada momento fue diseñado antes de que un solo día pasara".*

¡Dios es el autor de nuestro potencial! Desde antes de nacer, Su providencia ya le había tocado para vivir una vida de poder y plenitud, disfrutando cada una de sus etapas y tiempos. Tal vez hoy usted me pueda decir: *"Pero pastor, hoy me siento estancado y sin propósito o tal vez detenido en lo que comenzó bien en un momento dado"*. Permítame asegurarle dos cosas.

Primero, ¡no está solo! Todos hemos experimentado en algún momento de nuestras vidas esas temporadas desérticas que nos dejan sin aliento. Segundo, ¡le felicito! Tiene en sus manos el libro correcto que lo guiará de la mano de la presencia de Dios para maximizar su vida.

Además de todos los poderosos principios y herramientas que encontrará capítulo a capítulo, los cuales están basados en el diseño de Dios para sus hijos, puedo asegurarle que además del autor haber enmarcado los principios dentro de conceptos teológicos, él ha encarnado en vida propia el mensaje de cada página para bendecirle.

Conozco al Dr. Peter Rios desde hace casi dos décadas y fui testigo presencial de cómo Dios habló a su vida y le anunció que sería una bendición a las naciones desde el área de la educación. He tenido el privilegio de verlo crecer en ese propósito. Han sido años de dedicación y preparación sin detenerse, ayudando a decenas de miles de personas en centros educativos que cuentan con un prestigio de orden mundial.

Las páginas que leerá a continuación no es solo información. Son pedazos de su vida impresos en cada página para que hoy usted abrace la fe, las herramientas y principios que Dios le entregó para vivir su máximo potencial. Comprométase con usted mismo y haga suyo cada llave. Prepárese para ver su vida, ser transformada paso a paso por el poder de Dios.

Pastor Jesús Manuel Torres

Senior Pastor, Ministerio Sanador Vino Nuevo

Radio Personality

¿POR QUÉ ESTE LIBRO?

En un mundo que parece cambiar cada vez más rápido, donde nuestra atención es atraída en innumerables direcciones, donde los desafíos y las incertidumbres abundan, hay una pregunta fundamental que cada uno de nosotros debe saber responder: *¿Cuál es el propósito de nuestras vidas y cómo podemos maximizar nuestro tiempo aquí en la Tierra?* Esta pregunta yace en el corazón de nuestra existencia, y las respuestas que nos damos son las que les dan forma a la trayectoria de nuestro viaje.

"*¿Por qué este libro?*", no es solo una pregunta; es una invitación a explorar los aspectos esenciales de una vida plena. Este libro está diseñado para guiarte en un viaje transformador hacia una vida llena de propósito, satisfacción y felicidad. No es una solución mágica a todos los problemas de la vida, sino más bien un mapa para ayudarte a navegar por las complejidades de la existencia con claridad e intención.

Comencemos planteándonos esta pregunta fundamental: *¿Por qué necesitamos maximizar nuestras vidas?* La respuesta es simple, pero profunda a la vez. Porque la vida es un regalo precioso, y cada momento que tenemos es una oportunidad para que sea significativa.

No estamos aquí por accidente; estamos aquí para experimentar, aprender, crecer y contribuir. Desperdiciar esta oportunidad sería injusto tanto para nosotros mismos como para el mundo.

Elementos claves:

Según mi experiencia, varios elementos clave forman la base de este viaje transformador:

- **Mentalidad positiva**: El poder de tus pensamientos no debe subestimarse. Una mentalidad positiva no solo influye en tus experiencias diarias, sino que también moldea tus resultados a largo plazo. Es la lente a través de la cual ves el mundo y el combustible que te impulsa a ir hacia adelante ante la adversidad.

- **Compromiso con tu proceso:** Alcanzar la grandeza, realizar tus sueños y vivir con propósito no es un evento único; es un proceso de toda la vida. El compromiso es la dedicación inquebrantable a este viaje, abrazando tanto los momentos buenos como los malos y perseverando con resiliencia.

- **Enfoque:** En un mundo lleno de distracciones, el enfoque es el "superpoder" que te permite dirigir tu energía y atención hacia lo que realmente importa. Es la clave para la productividad, la creatividad y el logro de tus metas.

- **Comprender los beneficios**: Para embarcarse en un viaje como este, primero debes entender el destino y sus recompensas. En este libro, exploraremos los beneficios tangibles e intangibles de vivir con propósito y te ayudaremos a conectarte profundamente con tu motivación.

- **Ser equilibrado**: Maximizar tu vida no se trata de sobresalir en una sola área; se trata de lograr un equilibrio armonioso en múltiples dimensiones. Esto incluye la salud física y mental, las relaciones, el crecimiento personal y tu contribución al bienestar común.

A medida que profundicemos en los distintos elementos de este libro, te proporcionaremos el conocimiento, las estrategias y la inspiración que necesitas para cultivar cualidades de éxito en ti mismo. El camino hacia la maximización no es igual para todo el mundo. Es una experiencia personal que emprenderás con tus aspiraciones únicas, fortalezas y desafíos. Sin embargo, los principios discutidos aquí son universales y pueden aplicarse a la vida de cualquier persona.

En última instancia, el objetivo de este libro es empoderarte para crear una vida de la que te sientas orgulloso, que sea un testimonio de tu potencial y una que aporte satisfacción no solo a ti mismo, sino también a quienes te rodean. La búsqueda de una vida maximizada no es un esfuerzo egoísta. Es un regalo que te das a ti mismo y al mundo. Es un efecto dominó, donde tus acciones y decisiones positivas inspirarán a otros a hacer lo mismo.

Entonces, mientras te embarcas en este viaje a través de las páginas de este libro, recuerda que tienes el poder de crear tu propio destino. Con una actitud positiva, compromiso con el proceso, enfoque, comprensión de los beneficios y un enfoque equilibrado, puedes crear una vida llena de propósito y salud, y dejar un impacto duradero en el mundo.

¿Estámos Listos?

EL COMIENZO DE MI VIAJE

Alrededor de 1995, cuando estaba en décimo grado, fui arrestado por posesión de marihuana en mi casillero de la escuela secundaria. Esto me parece increíble, ya que ahora es legal en muchos estados. Supongo que estaba adelantado a mi tiempo. Nunca fui un fanático de la educación. Entonces, ¿cómo logré pasar de apenas graduarme de la escuela secundaria y ser expulsado durante todo un año escolar a obtener un doctorado? Por favor, te pido que continúes leyendo.

Mientras me criaba en el caserío, la escena de las drogas siempre estuvo disponible para mí. En ese entonces, no veía a muchos profesionales, científicos, abogados, médicos, empresarios u otros dueños de negocios. Estas personas no estaban fácilmente disponibles en mi entorno inmediato. Sin embargo, veía a los "*empresarios*" locales, los tipos que vendían drogas. Parecía que tenían el dinero para comprar lo que quisieran, y disfrutaban lo que hacían. Estábamos expuestos a este tipo de personas que hacían sus malabares de negocios todos los días mientras trataban de mantenerse fuera del "*radar*" de la policía o de los "*po-po*" como solíamos llamarlos.

"Es fácil convertirte en lo que ves o en lo que está dentro de tu contexto. Muchas cosas te influyen para bien o para mal".

Ahora, lo que estoy a punto de decir puede sonar como una excusa, pero no lo es. Muchas veces, especialmente cuando eres joven, es fácil convertirte en lo que ves o en lo que está dentro de tu contexto. Muchas cosas te influyen para bien o para mal, y en mi caso, los "*empresarios*" que veía todos los días me influenciaron. Pensaba que si lograba ser uno de ellos, podría tener el dinero para comprar lo que quisiera. En retrospectiva, esta fue una decisión malísima que me costaría caro.

Un día, se me ocurrió entrar a la escuela secundaria Dunkirk con marihuana en mis bolsillos. Recuerdo, como si fuera ayer, que les mostraba a mis amigos algunas de las bolsas que tenía y pensando que yo era "*lo último*". Lo que no sabía era que esa tarde, la policía vendría al centro de detención y me arrestaría frente a mis compañeros de clase y a toda la escuela.

De alguna manera, se corrió la voz de que tenía marihuana encima y que estaba poniendo en peligro a mis compañeros de clase. Yo era un niño muy problemático en ese momento. Lo confirma el hecho de que visitaba la sala de detención todos los días en lugar de estar en el aula regular. Una de esas veces que estaba en detención haciendo algo (fingiendo leer, escribir o hacer algún otro tipo de ejercicio académico) de repente entraron policías en la oficina y preguntaron si Pedro Rios estaba allí.

En ese momento pensé: "*Eah rayo, esto está malo*" y "*No, no está aquí*". Recuerdo que el policía me preguntó si la mochila que tenía en la mano era mía. "*¡Por supuesto que no!*", quise decir, pero respondí: "*Sí, lo es*".

Fui arrestado frente a todos los estudiantes que estaban en el centro de detención por tener drogas. La policía me sacó de allí y me llevó esposado por todo el pasillo de la escuela. Todos los estudiantes miraban desde sus salones. Algunos estudiantes se reían y otros me miraban con horror. Me sentí avergonzado y horrible, y tenía solo 15 años. ¿Qué me llevó hasta este lugar? ¿Cómo pude permitir que esto sucediera? ¿Por qué terminé aquí? Estas fueron las preguntas que me hice en ese momento.

Mientras estaba en la comisaría, siendo procesado e interrogado sobre dónde obtuve la droga y para quién era, mi madre, Angie, y mi tío, Bobby, vinieron a recogerme. Mi mamá tuvo una cirugía dental ese día, así que no podía gritarme, pero la expresión en su rostro lo decía todo. Me sentí tan avergonzado. Fui liberado de la cárcel el mismo día después de pagar la fianza. No tenía idea que iba a pasar. Al día siguiente, estaba en la portada del periódico local, y esa misma semana me avisaron de mi expulsión del distrito escolar. Supongo que me estaban usando de ejemplo para que otros estudiantes aprendieran una lección.

¿Qué ocurrió después?

¿Les había hablado de mi ángel? Su nombre es la Dra. Laila Denoya. Toda esta crisis sucedió al mismo tiempo que me hablaron del programa Upward Bound el cual dirigía la Dra. Denoya junto a su equipo. Con toda sinceridad, puedo decir que no estaría donde estoy hoy si no fuera por la Dra. Denoya. Necesitas a alguien que haya estado donde tú estás para apoyarte en esos momentos difíciles. En esos momentos en los que es posible que no tengas respuestas, necesitas a alguien que crea en ti, aun cuando tú no creas en ti mismo y te sientas sin esperanza. Para mí, esto representaba la Dra. Denoya.

Durante las próximas semanas, mi madre y yo, junto con la Dra. Denoya, asistimos a una serie de reuniones con la superintendente del distrito escolar, el director, los policías que me arrestaron y otros funcionarios locales involucrados en mi situación. Realmente querían expulsarme indefinidamente, no solo del área de Dunkirk, sino posiblemente enviarme a una escuela en algún lugar de Buffalo, Nueva York. No conocía mucho de Buffalo, pues no había pasado tiempo allí. Mirando hacia atrás, pienso: *"Wow, solo tenía 15 años. ¡Denme una oportunidad, por favor!"* También entiendo ahora el miedo y la ansiedad que algunas de estas personas sentían. No querían a sus hijos cerca de alguien como yo.

Wow, solo tenía 15 años.
¡Denme una oportunidad, por favor!"

En esas reuniones, los policías mostraron la droga que encontraron en la escuela y hablaron del perro que las olfateó. Todavía recuerdo el nombre del perro: Jake. También recuerdo que la superintendente dijo que no creía que fuera prudente tener a alguien como yo en el distrito escolar.

La Dra. Denoya luchó por mí y les dijo que no podían expulsarme sin un plan. Así que la Dra. Denoya no solo fue mi mentora educativa, ahora era mi abogada y coach de vida. Finalmente, se hizo un plan para que asistiera al Centro de Aprendizaje para Adultos local en Dunkirk, Nueva York. Todo el mundo conocía este lugar. Era un lugar al que iban adultos que habían abandonado la escuela. Era el lugar para los "*otros*" que tenían problemas para obtener una educación.

La mayoría de las personas que iban allí estaban perdiendo su tiempo porque un tribunal los había enviado allí, no había otro lugar al que ir, o simplemente querían que les pagaran por estudiar. En mi caso, me dijeron que esta era mi única oportunidad para terminar mi segundo año de secundaria.

Estaba asustado y avergonzado. No sabía qué iba a pasar o qué más podía hacer. Si puedo ser honesto contigo, no creo que tomé esta oportunidad con la seriedad requerida. Pensé: *"Solo estoy pasando por el proceso porque ya mismo volveré a la calle y seguiré buscándome la vida"*. Al final del día, eso era lo que conocía y veía la mayor parte de mi vida. Para mí, era la única forma de vivir. Ahora que miro hacia atrás, veo lo limitada que era mi visión de la vida.

Entre los acuerdos que tenía que cumplir, estaban que debía hacerme pruebas de drogas semanalmente, llegar a tiempo a mis clases y dar lo mejor de mí en el Centro de Aprendizaje para Adultos. La Dra. Denoya acordó ser mi tutora y a quien prestaría cuentas. En otras palabras, ella se reuniría conmigo cada dos semanas para verificar que todo estuviera en orden. Se aseguraría de que estuviera haciendo mi trabajo y que obtuviera las calificaciones que me permitirían avanzar al undécimo grado y, eventualmente, ser considerado para reincorporarme a mi escuela secundaria local. Si no, ¡estarías fuera para siempre!

Recuerdo lo difícil que fue esto para mí como joven. No veía sentido en hacerme pruebas de drogas o aprender cosas que sentía que eran irrelevantes para mi vida en ese momento. Incluso, las instrucciones que me dieron algunos de los profesionales en el centro no tenían mucho sentido para mí. Hoy, doy gracias a Dios y a mis compañeros del proceso, la Dra. Denoya y el programa Upward Bound, por haberme ayudado a completar ese año en el Centro de Aprendizaje para Adultos. También fui alentado diariamente por algunos de los profesionales del centro que también me ayudaron a lograr lo que pensaba que era inalcanzable.

Mi punto principal aquí es que las cosas no siempre saldrán a tu manera. Imagina si hubiera abandonado la escuela después de haber sido arrestado con marihuana. Imagina si nunca hubiera seguido las instrucciones y la orientación de la Dra. Denoya. No solo no habría terminado la escuela secundaria. ¿Quién sabe dónde estaría hoy? Probablemente, estaría en la cárcel o ya muerto, seis pies bajo tierra, en una tumba.

Así que cuando me escuches hablar de educación en este libro, por favor comprende que proviene de una persona que tenía un serio desagrado por la educación, que nunca entendió o aprendió las lecciones de los maestros rápidamente y que fue expulsado de la escuela durante todo un año. Dios usó la educación para salvar mi vida. ¿Fue fácil? ¡No! ¿Es posible? ¡Sí! Y eso es lo que te estoy diciendo.

"Dios usó la educación para salvar mi vida".

Si yo pude hacerlo, y si Dios proporcionó lo que necesitaba en ese mismo momento para ayudarme a superar esa temporada de mi vida, ¿no podrá Dios hacerlo por ti también? ¿Será que Dios no puede proveerte las personas y los recursos que necesitas en esta temporada específica de tu vida? Y ese es mi mensaje para ti mientras continuamos hablando de este viaje: *nunca te rindas ni renuncies*. El camino es difícil, pero lo que hay al final de él, incluyendo tu llamado, es más grande que la presión y el estrés que sientes en este momento.

Si me hubiera rendido, nunca habría vivido en Okinawa, Japón, en Corea del Sur, en Barbados o en San Martín. Nunca habría estado casado con mi increíble esposa, Ruby, ¡la Dra. Ruby Rios! Nunca habría enseñado en programas de posgrado, seminarios, programas graduados de administración de empresas y divinidades, o en otras universidades como Penn State, Colorado State University Global Campus o Pacific School of Religion, por nombrar solo algunas. Nunca habría ocupado el cargo de vicepresidente en dos universidades.

"Nunca en mis sueños más atrevidos habría imaginado enseñar a estudiantes de bachillerato y posgrado, predicar en tantos lugares y liderar e influir en miles de personas motivándolos a hacer el bien".

Nunca en mis sueños más atrevidos habría imaginado enseñar a estudiantes de bachillerato y posgrado, predicar en tantos lugares y liderar e influir en miles de personas motivándolos a hacer el bien.

Estoy escribiendo este libro para animarte a que no te rindas, sino a seguir luchando la buena batalla por tus sueños y visión, por el propósito que Dios ha puesto en tu vida. Muchas personas te están esperando al otro lado de este proceso. Estas personas necesitan tus dones, experiencia e influencia para cumplir el llamado de sus vidas. Pero también necesitan un líder que los ayude, así como yo he ayudado a tantos.

Así que esta es mi propuesta para ti: quiero animarte a encontrar la fuerza para perseguir el llamado y el propósito que Dios ha puesto en ti.

LLAVE 1

EDUCACIÓN

"La educación no cambia el mundo. La educación cambia a las personas. Las personas cambian el mundo". (Paulo Freire)

No crecí con muchas personas a mi alrededor que tuvieran una educación formal. De hecho, mi abuela, Lourdes, solo estudió hasta cuarto grado debido a una infancia muy difícil. Mi madre llegó un poco más lejos que mi abuela y terminó la Escuela Superior. Mi padre obtuvo su maestría, pero no crecí con él. Visitaba a mi padre ocasionalmente en la ciudad de Nueva York, pero no tenía mayor influencia en mi vida. No crecí expuesto a la educación formal hasta que conocí a la Dra. Denoya, como mencioné anteriormente.

"Los analfabetos del siglo XXI no serán aquellos que no sepan leer y escribir, sino aquellos que no puedan aprender, desaprender y reaprender".

El fallecido futurista Alvin Toffler dijo: *"Los analfabetos del siglo XXI no serán aquellos que no sepan leer y escribir, sino aquellos que no puedan aprender, desaprender y reaprender".*

Cito esta frase a menudo porque realmente captura la esencia de lo que quiero compartir contigo en este capítulo. La educación es la base del viaje a lo largo de la vida de cualquier líder. Una de las peores cosas en el mundo es estar en una posición de liderazgo y no tener las habilidades o la educación adecuada para estar en esa posición. Una educación formal te dará acceso a muchas cosas a las que no tenías acceso antes.

Por ejemplo, se abrirán muchas puertas porque tienes un título universitario, especialmente en trabajos que requieren un cierto nivel de educación y habilidades. En otras palabras, las empresas y organizaciones ni siquiera mirarán tu currículum ni te entrevistarán a menos que tengas una educación universitaria. Te invitarán a diversas reuniones donde tus habilidades y experiencia se destacarán porque ahora tienes el lenguaje para expresar tus pensamientos y estrategias a través de tu liderazgo.

La educación te presentará muchas oportunidades diferentes que no obtendrías si no estuvieras preparado. Pero nunca me lo dijeron. Es triste porque es casi como si aquellos que lo han logrado o tienen cierto nivel de éxito, no quisieran que otras personas lo supieran. ¡Buenas noticias! Yo no soy así, porque yo quiero que si lo sepas. Quiero que tengas éxito y prosperes. ¡Quiero que brilles y sobresalgas!

Una vez escuché al fallecido Dr. Myles Munroe (un pastor y empresario bahameño) decir que muchas personas van a sus tumbas sin haber llegado a ser quienes estaban destinadas a ser. En otras palabras, nunca crecieron ni se desarrollaron en la persona, líder o profesional que Dios los llamó y creó para ser en su generación.

El Pastor Munroe dijo que un cementerio es el lugar más rico de la Tierra. Como yo, tal vez te preguntes ¿por qué? o ¿cómo?, ya que es un lugar donde solo hay personas muertas. Pero él lo explicó de esta manera: *porque sabía que muchas personas habían muerto y nunca se desarrollaron en lo que estaban destinadas a ser.* En otras palabras, todos esos talentos y dones que las personas tenían, ya sea para comenzar un negocio, ser cantantes, médicos o abogados, convertirse en enfermeros, escribir un libro, etc., nunca se materializaron y se fueron a la tumba con ellos. Muchos de nosotros somos culpables de esto. ¿Y sabes qué? Eso es un robo. Cuando vivimos así, estamos robando a nuestra generación el regalo que deberíamos ser para el mundo.

También, el Dr. Munroe dijo que al lado de la cama de las personas, cuando estaban muriendo, probablemente podían ver *"fantasmas"* que venían y les decían: *"Nunca llegaste a ser el médico, el empresario o la enfermera que debías ser"* o *"Nunca llegaste a ser el cirujano, el arquitecto, el artista o atleta que el mundo debía conocer"*. ¿No es triste? Muchas personas no llegaron a ser quienes estaban destinadas a ser porque no han estado expuestas a mucho en la vida. No han estado expuestas a personas que puedan liberar lo que tienen en su interior.

Quiero hacer una declaración firme aquí: *si estás leyendo este libro y vives en los Estados Unidos, no tienes excusas.* Aunque entiendo que históricamente, las personas de color (como Afroamericanos, Latinos/Hispanos, mujeres, etc.) han sido marginadas y oprimidas en los Estados Unidos, ahora tenemos más oportunidades que nunca. También admitiré que no todos los obstáculos han sido completamente eliminados para nosotros. Por ejemplo, el porciento de hombres Negros y Latinos encarcelados todavía es más alto que el de los hombres Blancos y los hombres siguen ganando más dinero que las mujeres por trabajos similares. Ambas, las considero injusticias sociales. Sin embargo, esto no es una excusa para no aprovechar al máximo nuestros dones y talentos para nuestra generación.

"Tenemos una obligación dada por Dios de aprovechar al máximo nuestro potencial".

Tenemos una obligación dada por Dios de aprovechar al máximo nuestro potencial. Y si estás en los Estados Unidos, algunas puertas se pueden abrir, pero otras tendrás que hacer un esfuerzo para encontrarlas, tocar en ellas y hasta derribarlas (figurativamente hablando), si fuese necesario. Algunos de nosotros tendremos que crear nuestras propias *"puertas abiertas"* comenzando negocios, colocando nuestras propias "*mesas*" y trayendo nuestras propias "sillas" cuando no seamos invitados a ciertas reuniones. En otras palabras, creando nuestras propias oportunidades y dándonos el valor apropiado. Algunos de nosotros simplemente tenemos que dejar de ser perezosos, encontrar la determinación interna y trabajar más duro. ¡Así de simple!

Creo que te pueden suceder cosas maravillosas, si obtienes una educación formal. La educación formal te permite tomar cursos y aprender en áreas que nunca habrías leído o conocido de otra manera. Lo que estoy tratando de decir es que, en el plan de estudios de una universidad u otra institución de aprendizaje, hay cosas que estudiarás, desde las artes liberales hasta las humanidades, la formación vocacional, los idiomas y otros aspectos de la educación que te ayudarán a pensar "*fuera de la caja*". Pensar fuera de nuestras formas tradicionales significa educar a las personas para que se conviertan en pensadores independientes: *curiosos, inquisitivos e innovadores.*

"A veces, esta diversidad no se encuentra en tu comunidad, pero cuando estás en un entorno educativo, experimentas la diversidad del aprendizaje".

La educación formal incluso te coloca en un aula, donde la diversidad de personas que encuentras es asombrosa. A veces, esta diversidad no se encuentra en tu comunidad, pero cuando estás en un entorno educativo, experimentas la diversidad del aprendizaje.

Me viene a la memoria una experiencia que tuve mientras tomaba una clase durante mis años de bachillerato cuando estudiaba religión y teología. A pesar de haber crecido en el pentecostalismo, mientras estaba en la universidad, empecé a leer sobre otras tradiciones protestantes, católicas y ortodoxas. Investigué sobre otras religiones e iglesias para comprender cómo adoraban a Dios y conocían a Jesucristo de una manera diferente.

Formé parte de clases en la que había personas diferentes a mí. Permíteme ser sincero. Hubo momentos en los que quise renunciar y darme por vencido. ¿Por qué? Bueno, la razón es que me estaban desafiando y obligando a salir de mi *"zona de comodidad"*, y eso puede ser muy incómodo. Todo lo que había conocido desde mi infancia estaba siendo cuestionado al punto en que tuve que tomar decisiones difíciles y hacerme preguntas realmente profundas. Tenía que decidir entre quedarme con el conocimiento limitado y las experiencias que creía que eran verdaderas o avanzar y permitir que estas nuevas experiencias educativas me transformaran. Bueno, ¡el resto es historia!

Tuve clases con profesores Negros, Blancos y Latinos. Estas personas me hicieron pensar más allá de mi contexto puertorriqueño y Latino. Fue un proceso muy desafiante, pero debo admitir que también fue una de las experiencias más motivadora de mi vida. Permíteme explicarte lo que quiero decir.

Cuando te encuentras en un espacio donde muchas personas hacen preguntas profundas y exploran conceptos y problemas que son importantes para ti, comienzas a compartir ideas y a lidiar con puntos de vista y pensamientos profundos que de otra manera no abordarías. Te ves obligado a pensar más allá de lo que pensarías por tu cuenta. Recuerda, todos están en clase porque también están tratando de lograr lo "*inalcanzable*" a través del interminable proceso de aprender, desaprender y reaprender.

Recuerdo a la Profesora Lobo en mi programa de bachillerato. Era una mujer afroamericana, pequeña e intelectual. No solo era inteligente académicamente, sino también en la vida. Un día, nos estaba ayudando con nuestras habilidades de hablar en público. En la actualidad, puedo hablar frente a audiencias tan pequeñas como veinte personas o tan grandes como miles gracias a la Profesora Lobo.

Ella nos hizo poner de pie en clase y decir: "*¡No tengo miedo de nada, tráeme a los gigantes!*" Cuando comenzamos a ponernos de pie y a decirlo frente a la clase, ella nos decía que lo dijéramos más alto. Nos animó a mirarnos a los ojos y decirlo con convicción y valentía. Algunos de mis compañeros de clase eran más atrevidos que otros. Pero aun aquellos que eran más callados, comenzaron a hablar un poco más fuerte, con convicción y valentía, declarando una y otra vez: "*¡No tengo miedo de nada, tráeme a los gigantes!*"

¡No tengo miedo de nada, tráeme a los gigantes!"

En ese momento, no estaba seguro de lo que la Dra. Lobo estaba tratando de lograr. Sin embargo, más tarde en el semestre, cuando hicimos presentaciones en público, pudimos hablar con confianza, seguridad y convicción. Logramos hablar con claridad y articulamos lo que estábamos tratando de transmitir a la audiencia sin timidez. Esto nos proporcionó una experiencia como ninguna otra. No sé si hubiera recibido este tipo de capacitación en oratoria si no hubiera conocido a la Dra. Lobo en mi programa de bachillerato.

No me malinterpretes, es posible que puedas obtener este tipo de formación en otro lugar. Yo hablaba ya en público y viajaba como predicador. Lo que la Profesora Lobo proporcionó fue un nivel diferente de confianza. Nos dio las herramientas para pararnos frente a cualquier audiencia y hablar con elegancia sobre nuestro tema. Hay una diferencia entre alguien que habla con miedo y timidez y alguien que habla con convicción, poder y audacia.

También nos enseñó que no solo es importante hablar con audacia o sin miedo, sino también ser competente en el tema sobre el que estamos presentando. Quiero aclarar de que estoy consciente de que siempre hay un cierto nivel de miedo o ansiedad cuando hablamos en un entorno público. Pero es cómo manejas la situación lo que muestra tu nivel de seguridad a la audiencia.

Hubo otra experiencia de aprendizaje que me mostró que tenía una autoestima muy baja, pues aún no lograba confiar en mí mismo. Al final del semestre, nuestra profesora de historia nos pidió que escribiéramos la calificación que creíamos merecer. Me pareció muy extraño, ya que generalmente los profesores te dan una calificación basada en el trabajo que has realizado durante el semestre, pero seguí las instrucciones.

Estaba pensando: *"¿Qué calificación merezco?"* Inmediatamente pensé que no merecía una "A" porque no había leído todo lo que se requería en la clase, ni creía que había escrito lo mejor ni que había dado lo mejor de mí. En retrospectiva, realmente creo que esto fue simplemente el "*síndrome del impostor*" haciendo de las suyas. El "*síndrome del impostor*", también conocido como "*fenómeno del impostor*" o "*impostorismo*", es un fenómeno psicológico en el cual un individuo duda de sus habilidades, talentos o logros y tiene un temor persistente interno de ser acusado de falso o fraude.

Tomé el papel y escribí una "B+" pues era la calificación que creía que merecía. ¡Una "B+" es una buena calificación, pero una mejor calificación habría sido una "A", ¿verdad? No pensé que merecia una "A" porque creía que una "B+" sería suficiente para mí. Recuerdo recibir nuestros informes de calificaciones al final del semestre y ver la

"B+" en mi expediente académico, y lo primero que pensé fue: *"¿Por qué no pusiste una 'A'?"* No puse una "A" porque realmente dudaba de mí mismo. Dudaba de mis habilidades, mis talentos, y de mi esfuerzo.

Esto me enseñó una gran lección, la cual fue a defenderme a mí mismo. Alan Weiss, un consultor global, dice: *"Siempre toca tu propia trompeta, porque si no lo haces, no habrá música"*. En otras palabras, si no crees y te defiendes a ti mismo, pocas veces alguien más lo hará por ti. Ahora, esto no es una afirmación definitiva porque muchas personas hablarán por ti, te alentarán y te impulsarán hacia adelante, como lo hizo la Dra. Denoya conmigo. Sin embargo, primero debemos hablar y posicionarnos a nosotros mismos. Aquí es donde la educación es tan importante, porque si no hubiera ido a la escuela para obtener esta experiencia, posiblemente todavía tendría miedo de hablar en mi propio nombre. ¡Ahora soy el primero en defenderme!

Otro aspecto maravilloso de la educación, además del acceso que obtienes, es la exposición que tienes a personas y al mundo. Mientras estudiaba en el seminario en mi programa de posgrado, tomé una clase con la Profesora Elizabeth Gerhardt. Ella me introdujo a la teología de la liberación. Hasta ese momento, estaba luchando en el seminario porque la mayoría del contenido de mis estudios no tenía relevancia para mi contexto Latino.

Ella me presentó a la teología de la liberación, que me expuso a las experiencias y luchas de mis hermanos y hermanas en América Latina, me ayudó a ver cómo la teología podría usarse para liberar a las personas a nivel comunitario. En otras palabras, a las personas comunes que vivían en mi vecindario y alrededor de mí.

Leí sobre el Padre Romero en El Salvador y cómo fue asesinado durante la misa mientras estaba dando el sacramento a la iglesia, todo porque creía en la liberación, la libertad y la justicia para el pueblo de Dios. Recuerdo haber sido expuesto a una teología que se preocupaba por la vida cotidiana de las personas comunes, como las personas marginadas y las personas que históricamente han sido minorizadas. ¡Asombroso! Finalmente, aprendí cómo aplicar lo que estaba aprendiendo a mi propio contexto.

Estas clases fueron tan impactantes para mí que escribí mi tesis de maestría basada en la teología de la liberación desde una perspectiva Latina. Esto comenzó a proporcionarme un lenguaje sofisticado, herramientas y experiencia a un nivel más avanzado. Inyectó en mí la valentía que necesitaba para defender algo más grande que a mí mismo. Este aprendizaje me ayudó a darme cuenta de que mi llamado no era solo para la comunidad latina, sino también para aquellos que luchaban contra la pobreza, el analfabetismo y la injusticia social en general. Comencé a pensar de manera crítica y estratégica sobre cómo abordar las injusticias en mi comunidad y sociedad en general. Quería genuinamente ver a cada persona prosperar.

"Este aprendizaje me ayudó a darme cuenta de que mi llamado no era solo para la comunidad latina, sino también para aquellos que luchaban contra la pobreza, el analfabetismo y la injusticia social en general".

¿Podría sucederte si te atreves a dar un paso hacia la educación formal? ¡La respuesta es sí! Si ya tienes alguna educación o un título universitario, ¿a qué siguiente nivel te están llamando? ¿Tal vez una maestría o un doctorado? Quizás un curso o capacitación en un área que siempre te ha interesado, como la cocina o el mercado inmobiliario. Quizás dirás que no has tenido el tiempo, o siendo honesto, puede ser que hayas tenido miedo de perseguir tu sueño.

Finalmente, quiero hablar de mis estudios doctorales. Mi primer doctorado fue en liderazgo estratégico, que completé en una escuela de negocios y liderazgo. Y mi segundo doctorado es en estudios interculturales de un seminario. Estas dos áreas de estudio diferentes me ayudaron a ampliar mi perspectiva sobre el liderazgo.

Mi primer doctorado en liderazgo me ayudó a pensar más allá de la comunidad religiosa. Mi bachillerato y maestría fueron en teología y estudios religiosos. Así que estudié mucha teología, historia de la iglesia, ética, religión y otros temas relacionados con la iglesia. Pero mi doctorado en liderazgo estratégico en esta escuela de negocios me expuso a un nivel y una forma de pensamiento completamente diferente.

Empecé a leer sobre cómo los líderes empresariales dirigen sus organizaciones y cómo las organizaciones con fines de lucro desarrollan estrategias, planifican y abordan las necesidades de su mercado escogido. Estos conceptos me resultaban extraños porque siempre estuve más enfocado en la iglesia y en el mundo sin fines de lucro. Mi punto es que la educación formal puede ayudarte a pensar más allá de los límites que a veces nos imponemos.

Mi programa de doctorado me ayudó a hacer lo que estoy haciendo ahora, que es la formación, la consultoría y la escritura de libros. Los estudios de nivel doctoral te ayudan a pensar y escribir de manera crítica. ¡Nunca en un millón de años pensé que sería el Dr. Rios! Y lo digo con profundo asombro y humildad. Solo piensa conmigo: casi no salí de la secundaria, reprobé la universidad comunitaria dos veces y cuando regresé a la universidad por tercera vez, me puse una B+ en mi bachillerato. ¿Tú crees que tenía probabilidades de éxito con ese cuadro? Sin embargo, ahora tengo dos doctorados y he escrito un par de libros.

"¡Nunca en un millón de años pensé que sería el Dr. Rios! Y lo digo con profundo asombro y humildad. Solo piensa conmigo: casi no salí de la secundaria, reprobé la universidad comunitaria dos veces y cuando regresé a la universidad por tercera vez, me puse una B+ en mi bachillerato".

¿Qué puede significar todo esto para ti? Que si yo pude, ¡tú también podrías lograrlo! Si alguien con una historia de vida difícil puede pasar de no tener educación a tener dos doctorados, ¿por qué no puedes volver a la escuela y cumplir tus sueños? (Yo empecé la universidad a los 28 años). Tomaste este libro en tus manos porque tienes sueños en ti que necesitan ser estimulados y liberados. ¡Y es por eso que estoy escribiendo este libro, para personas como tú! Es hora de que persigas tu visión del futuro.

Sé que muchos de ustedes probablemente tuvieron una vida difícil cuando eran niños. Algunos de ustedes son padres solteros, y muchos de ustedes incluso trabajan dos o tres empleos solo para pagar las facturas. Pero volver a la escuela podría proporcionarte ventajas insuperables en la vida. No tengas miedo; puedes hacerlo. No será fácil y es probable que necesites ayuda, pero créeme, si Dios me ayudó a mí y a innumerables personas, ¡Dios definitivamente te podría ayudar también!

¡Maximizando!

Ahora ha llegado la oportunidad de aplicar lo que estás aprendiendo a tu vida personal y profesional. Me gustaría que te tomaras unos minutos y respondieras a las siguientes preguntas de la manera más honesta posible:

1. ¿Cuáles son tus próximos pasos en términos de educación? ¿Necesitas obtener tu GED? ¿Puedes ponerte en contacto con una institución educativa local o escuela en linea y averiguar que necesitas para completar y graduarte?

2. ¿Cuál era tu actitud hacia la educación antes de leer este capítulo? ¿Crees que debes cambiar esa percepción?

3. ¿Quién puede servirte como compañero de responsabilidad (rendir cuentas) en tus esfuerzos educativos?

4. ¿A quién conoces que tenga más educación formal que tú? ¿Puedes ponerte en contacto con esta persona y pedirle ayuda para avanzar en tu educación? (Podría ayudarte en la dirección que necesitas seguir).

5. Escribe "porque" deseas obtener una educación (Ej. Ser un modelo para que mi hija continue estudiando).

LLAVE 2

CURIOSIDAD & DESCUBRIMIENTO

"La mente que se abre a una nueva idea nunca regresa a su tamaño original". (Albert Einstein)

Una vez escuché una historia sobre alguien que compró un pez dorado para tener un poco de entretenimiento en su casa. Pusieron al pequeño pez dorado en una pecera con algunas otras cosas para que pudiera nadar y alegrar un poco la habitación. El propietario estaba muy emocionado de tener un pequeño pez dorado y no se cansaba de mirarlo todo el día. Todo parecía bien hasta que un día el propietario notó que el pez dorado parecía un poco deprimido.

Al día siguiente, el propietario pensó: *"Si yo fuera un pez dorado, ¿me gustaría estar en esa pequeña pecera sin otros peces con los que nadar? ¡No! No me gustaría...* y continuó diciendo: *"Yo quisiera vivir en un tanque más grande con muchos otros peces diferentes y comer diferentes tipos de comida para peces"*. Entonces, el propietario salió y compró un tanque más grande y varios otros peces exóticos, algunos juguetes para que jugaran y diferentes tipos de comida para peces también.

Después de que el propietario configuró el nuevo tanque y colocó a todos los demás peces en él, sacó al pez dorado de su pecerita y lo puso en el tanque grande. El propietario estaba tan emocionado y no podía esperar para ver la reacción del pez dorado en su nuevo entorno. Seguramente el pez dorado estaría feliz y nadaría de un lado a otro, pensó el propietario.

Para sorpresa del propietario, el pez dorado se había quedado en el mismo lugar donde fue puesto dentro del tanque grande. Nadaba unos centímetros a la izquierda y luego otros a la derecha. Una y otra vez, el pez dorado se quedaba dentro de la misma área y nunca exploraba el resto de su "*nuevo mundo*". El propietario se quedó asombrado y pensó que el pez dorado solo necesitaba un poco de motivación, así que sacó al pez dorado y lo puso al otro lado del tanque. Lo movió al otro extremo del tanque de veinte pies que ocupaba la mayor parte de la pared en una gran sala de estar.

¡El propietario no podía creerlo! El pez dorado nuevamente solo nadaba unos centímetros a la derecha y luego unos centímetros a la izquierda. Aunque el pez dorado tenía ahora un tanque grande en donde vivir y nadar, solo nadaba alrededor de la misma área. Solo iba de un lado a otro, como si estuviera limitado por estructuras invisibles que le impedían ir más allá. Es como si el pez dorado pensara que todavía estaba en la pecera pequeña.

Esta historia del pez dorado me recuerda cómo a veces vivimos. Aunque muchos de nosotros tenemos un mundo más grande que explorar, como el pez dorado en un tanque más grande, tendemos a quedarnos en la zona familiar y nunca explorar todo lo que está disponible para nosotros. De hecho, realmente estamos limitando nuestro potencial de vida. El pez dorado creció en una pecera pequeña y eso era todo lo que conocía. El pez se acostumbró a nadar en un espacio pequeño. Incluso cuando el propietario lo puso en un tanque grande para que pudiera ser más feliz, explorar y estar con otros peces, se quedó solo en su "*zona*", prisionero dentro de sus paredes invisibles.

Antes de criticar al pez dorado, realmente debemos mirarnos a nosotros mismos primero. Muchos de nosotros decimos lo que haríamos si tuviéramos "*la oportunidad*" más el hecho es que nos volvemos complacientes y tan acostumbrados a lo familiar, a lo "*conocido*", que cuando surge una buena oportunidad, la dejamos pasar.

Al igual que el pez dorado, preferiríamos quedarnos dentro de nuestros límites, tradiciones y zonas de "*confort*", pensando que esta es la vida que nos merecemos vivir. Pero, ¿lo es? ¿Y si Dios fuera el propietario que mencioné en la historia y quisiera darte más y ponerte en una posición de influencia mayor? ¿Lo tomarías? ¿Responderías al llamado? ¿O dirías: *"No, estoy bien, me gusta nadar solo unos centímetros a la izquierda y a la derecha"*?

"Estoy convencido de que necesitamos tener una actitud diferente hacia la curiosidad y el descubrimiento. Los únicos límites que tenemos son los que nos imponemos nosotros mismos".

Estoy convencido de que necesitamos tener una actitud diferente hacia la curiosidad y el descubrimiento. Los únicos límites que tenemos son los que nos imponemos nosotros mismos. Como los peces dorados, a veces nos limitamos a lo familiar, a las tradiciones con las que crecimos y a lo que sabemos. Ahora, leer este libro te da una oportunidad, y es descubrir que realmente no tienes límites. Estás en un momento de tu vida en la que puedes explorar y descubrir para lograr lo que sea que tengas en tu corazón.

¿Alguna vez has oído hablar de Alejandro Magno? Fue el rey de Macedonia en el siglo IV a.c. Existe un mito que dice que lloró cerca del final de su vida porque ya no quedaban más mundos por conquistar. La leyenda afirma que ganó muchas batallas en su tiempo porque tenía una mentalidad muy inquisitiva. Ahora, solo quiero dejar claro que no estoy abogando por la guerra, la colonización o algo así. Ni siquiera estoy seguro si esta historia es verdadera o una leyenda. Aun así, podemos aprender mucho de esta historia porque su motivación era conquistar, lograr y descubrir. ¿Qué quieres descubrir? ¿Qué quieres lograr en esta próxima etapa de tu vida?

Mi Reclutamiento en los Marines de los Estados Unidos

Unirme a los Marines de los Estados Unidos fue probablemente una de las cosas más difíciles que he hecho y logrado en mi vida, y al mismo tiempo, una de las mejores decisiones que he tomado. Aunque sería el primero en admitir que algunas de las estrategias y tácticas de entrenamiento de los Marines necesitan ser modificadas, la actitud de *"vamos por el objetivo"* que está impregnada en cada Marine es algo que no se puede negar. Algunos de los empresarios más exitosos de los Estados Unidos son Marines. También reconozco que los Estados Unidos tiene prácticas históricas oscuras con los Marines y otras ramas militares en todo el mundo que tampoco se pueden negar.

Hemos utilizado el ejército para avanzar en nuestra agenda como país a expensas de causar mucho dolor a otras personas, países e incluso al medio ambiente. Sé que como estadounidenses, a veces esto es difícil de entender y va en contra de nuestros ideales sobre Estados Unidos como un gran país. Sin embargo, he aprendido que ambos pueden ser una realidad. Somos un país increíble que también ha cometido graves errores en el pasado. Lo mejor que podemos hacer ahora es no repetir errores o decisiones equivocadas aprendiendo de ellos.

Se suponía que me uniría al Ejército de Estados Unidos (otra rama militar en Estados Unidos) cuando estaba a punto de graduarme de la escuela superior. Me reuní con el reclutador algunas veces y hablamos de cómo el Ejército podría ayudarme a mejorar mi vida. Como mencioné antes, era un joven problemático y venía de una familia disfuncional. Entonces, el reclutador del Ejército fue como un soplo de aire fresco sobre cómo podría cambiar mi vida, mi situación económica e incluso la puerta para viajar por el mundo. Inmediatamente pensé: "*¡Wow! ¡Qué oportunidad!*"

Pero mi relación con el reclutador fue temporera porque siempre era muy difícil comunicarme con él. Algunas veces teníamos citas y él me dejaba plantado o llegaba muy tarde y parecía que no le importaba. Esto no es una crítica al Ejército o a sus reclutadores en general, ya que en su mayoría hacen su trabajo profesionalmente (mi tío Angelo se retiró del Ejército y le fue muy bien). Simplemente, creo que conocí a alguien que no estaba en el momento adecuado de su vida y que probablemente estaba destinado a unirme a los Marines.

Recuerdo una vez que me dejó esperando y estaba decidido a confrontarlo. Estaba listo para decirle que ya no estaba interesado en el Ejército porque no me estaba tomando en serio. Fui a la oficina de reclutamiento local, pero su puerta estaba cerrada y no estaba allí ese día. Sin embargo, otra oficina estaba abierta con alguien que me pareció muy serio y de apariencia muy pulcra. No recuerdo si yo le pregunté primero o si él me preguntó a quién estaba buscando. Le pregunté: *"¿Quién eres?"* Y él dijo: *"Soy Sargento del Estado Mayor (SSgt) Moose del Cuerpo de Marines de Estados Unidos"*, hablando mirandome directamente a los ojos.

Sentí que era suficientemente importante para él, como para haberse levantado de la silla para estrecharme la mano. Le pregunté si sabía dónde estaba el reclutador del Ejército (ni siquiera recuerdo su nombre) y bromeo diciendo *"probablemente comiendo en exceso"* o *"llegando tarde a otra cita"* (son bromas muy comunes entre las ramas militares americanas). ¡Por supuesto... todos piensan que son los mejores! Yo respeto a todas las ramas, pues trabajan juntas para mantener la paz y seguridad para Estados Unidos. SSgt Moose me preguntó algo que se convirtió en un momento definitivo en mi vida: *"¿Ya te has inscrito en el Ejército?", a* lo que respondí: *"No, no lo he hecho. ¿Por qué?"* Él respondió de inmediato: *"Entra y siéntate"*.

Comenzó a hacerme preguntas sobre qué quería hacer con mi vida y a dónde quería ir. Recuerdo que no tenía muchas respuestas para sus preguntas, pero él nunca se rindió conmigo. Me aseguró que había un lugar para mí en los Marines.

"Comenzó a hacerme preguntas sobre qué quería hacer con mi vida y a dónde quería ir. Recuerdo que no tenía muchas respuestas para sus preguntas, pero él nunca se rindió conmigo".

Me explicó las diferencias, desde su perspectiva, entre los Marines y las demás ramas de las fuerzas armadas. Tengo que ser honesto contigo, en ese momento estaba asustado. No solo conocía a algunas personas que habían ingresado a los Marines y no habían regresado bien, sino que también tenía un tío al cual el Ejército le había funcionado bien y a su familia. Confieso que estaba un poco en conflicto, pero había algo en mí que se sentía intrigado por el desafío de convertirme en Marine.

El entrenamiento de los Marines es un mes más largo que en cualquier otra rama militar. Tiene muchos niveles o fases diferentes. La primera fase es "*Aprendizaje Básico*", principalmente físico y mental. La segunda fase es "*Entrenamiento con Rifle*", y la tercera fase es "*Entrenamiento en Campo*", que incluye la marcha de más de 50 millas conocida como la "*Prueba del Crisol*" o "*Crucible*" en inglés. Al menos eso fue lo que tuve que hacer para completar el entrenamiento.

Después de que SSgt Moose me explicó todo, pensé: *"Esto podría cambiar significativamente mi vida"*, y luego dije: *"¡Inscríbeme!"*. Tengo que admitir que, al salir de la oficina, pensé para mí mismo: *"¿En qué rayos estás pensando? ¡Los Marines!"* Sin embargo, estaba muy impresionado con el enfoque de SSgt Moose. Siempre cumplía sus citas conmigo y nunca me decepcionaba. Me llevó a cenar varias veces cuando teníamos citas y se convirtió en una especie de mentor para mí, por un breve período. Pero antes de que pienses que todo esto fue *"un paseo"*, permíteme antes explicarte un problema importante que tuve que superar antes de ir al campamento de entrenamiento.

¿Recuerdas que te hable de mi adicción a la marihuana en mi adolescencia? Desafortunadamente, nunca le hablé a SSgt Moose al respecto y traté de superarlo por mi cuenta. Infelizmente, no lo logré y cuando fui a Buffalo, Nueva York, para hacer pruebas y prepararme para ingresar a los Marines, no pasé la prueba. Tuve que esperar otros seis meses antes de volvérmela hacer y reiniciar todo el proceso.

Pensé que el SSgt Moose estaría muy enojado conmigo, pero para mi sorpresa, no lo estaba. Fue solidario y me consiguió la ayuda que necesitaba para superar esto. Se hizo responsable de mí durante los siguientes seis meses (y yo le rendía cuentas a él), se aseguró de que no usara drogas, me llamaba y hasta me recogía para hablar. Eso significó mucho para mí, y no quería decepcionarlo.

Por supuesto, mi reclutador también tenía un interés personal en cumplir con su cuota de nuevos inscritos para los Marines. Sé que hubiese sido más fácil ir tras los *"chicos buenos"* y no lidiar con un joven problemático como yo.

Bueno, puedo decir con orgullo que lo logré. Ahora estaba listo para ir al campamento de entrenamiento y llegar a la graduación. ¿Qué aprendí y qué tiene que ver esto contigo? ¡Todo!

"Los Marines le dieron a este joven disciplina, determinación, valentía y una actitud de ir atrás de las metas. Me ayudaron a ver cuáles eran mis límites y a no temer a desafiarlos".

Los Marines le dieron a este joven disciplina, determinación, valentía y una actitud de ir atrás de las metas. Me ayudaron a ver cuáles eran mis límites y a no temer a desafiarlos. Una y otra vez, durante mi tiempo en los Marines, conquisté y superé obstáculos, desde los físicos hasta los mentales, en diferentes etapas.

Antes, era como el pequeño pez dorado que nunca había salido mucho de su "*pequeño mundo*", pero ahora estaba en un "*tanque más grande*", listo para explorar nuevos territorios. Lo más importante, me enseñaron a nunca rendirme ni darme por vencido y a creer que era fuerte. Me enseñaron que, si ponía mi mente y mi voluntad en algo, podía hacer cualquier cosa.

No estoy diciendo que necesitas unirte a los Marines. Como opinión personal, si no tienes nada más que hacer en tu vida, tal vez unirte a las fuerzas armadas podría ser una opción beneficiosa para ti. Mi único consejo para ti es que obtengas algún tipo de formación o un grado académico primero para que entres como oficial. Al final del día, no importa qué opción elijas, lo importante es que encuentres a alguien o algo que te ayude a ver mejor quién eres. Algo o alguien que te anime a nunca renunciar a ti mismo y a tus sueños.

"Encuentra a alguien o algo que te ayude a ver mejor quién eres. Algo o alguien que te anime a nunca renunciar a ti mismo y a tus sueños".

Los Marines hicieron eso por mí, ¡y ahora estoy tratando de hacerlo por ti! Tomaste este libro porque tienes una especie de fuego dentro de ti para lograr algo en la vida que puede ser más grande que tú. Sabes que el destino te está llamando, pero tal vez no has tenido el entrenador o mentor adecuado para ayudarte. ¡Bueno, aquí estoy yo! ¡Vamos a alcanzarlo!

Los Marines me ayudaron con este concepto de curiosidad y descubrimiento. Antes de unirme a los Marines en 1999, nunca había salido de los Estados Unidos y solo había visitado algunos estados y a Puerto Rico cuando era muy joven. Todo me parecía tan ajeno. Pensaba que viajar y explorar nuevos lugares era para las personas ricas. Bueno, no podía estar más equivocado, y por eso quiero hablar sobre la exposición en la siguiente sección.

¡Maximizando!

Ahora ha llegado la oportunidad de aplicar lo que estás aprendiendo a tu vida personal y profesional. Me gustaría que te tomaras unos minutos y respondieras a las siguientes preguntas de la manera más honesta posible:

1. ¿Qué resonó contigo en este capítulo?
2. ¿Pudiste identificarte con la historia del pez dorado y la pecera? ¿Cómo? ¿Por qué?
3. ¿Cuáles son algunas creencias de "*pecera pequeña*" que debes superar?
4. ¿Qué podría estar robándote la capacidad de soñar en grande?
5. ¿Tienes algo o alguien que te está llevando a encontrar lo mejor en ti mismo?

LLAVE 3

EXPOSICIÓN

"La mejor manera en que un mentor puede preparar a otro líder es exponiéndolo a otras personas excelentes". (John C. Maxwell)

La exposición lo es todo, porque desempeña un papel fundamental en la formación de nuestras perspectivas. Al igual que la exposición temprana a influencias negativas como las drogas y actividades perjudiciales puede desviar a alguien, estar expuesto a experiencias positivas como viajar, leer, explorar, crecimiento personal y educación puede impulsar significativamente a las personas hacia algo mejor.

Para mí, los Marines sirvieron como un catalizador para esta transformación. A los 21 años, tuve el privilegio de ser asignado en Okinawa, Japón, y Corea del Sur. Estas asignaciones en el extranjero cambiaron completamente mi visión del mundo, permitiéndome ver que el mundo se extendía mucho más allá de mi contexto Puertorriqueño-Americano, con su vida, cultura y tradiciones únicas. Como el pez dorado, mi "*pecera*" de repente se expandió exponencialmente en un año.

Durante mi tiempo en los Marines, tuve la oportunidad de interactuar con personas de diversos orígenes culturales, socioeconómicos y étnicos. Mis compañeros de cuarto provenían de diversas partes de los Estados Unidos, incluyendo Nativos Americanos, Afroamericanos y Blancos sureños. Vivir en grupos con personas de todo el mundo, desde Asia hasta África, América Latina y más allá, amplió aún más mis horizontes. Nunca habría tenido estas experiencias si me hubiera quedado en la zona de "*confort*" de mi pequeña pecera en mi ciudad natal. Encendieron mi curiosidad por aprender no sólo sobre mí sino también sobre los demás, así que permíteme hablar a tu vida e inspirarte sobre esto también.

Primero, permíteme definir curiosidad y descubrimiento. La curiosidad es "*un fuerte deseo de saber o aprender algo*" y el descubrimiento es "*la acción o proceso de descubrir o ser descubierto*". En otras palabras, no estás conformado, ni limitado a tu estado actual, a ese famoso término llamado "*status quo*". Por lo general, las personas que quieren mantener el "*status quo*", a menudo son las resistentes al progreso.

Las personas que progresan piensan de manera diferente. Como descubridor, anhelas más que la conformidad. Deseas entender el "*por qué*" detrás de todo. Ese fuego interior te impulsa a seguir aprendiendo y creando, y se torna una fuerza imparable hacia lo que viene adelante.

Recientemente, escuché una charla que dio Tyler Perry sobre su camino hacia el éxito en el cine. Su infancia estuvo llena de disfunción y abuso familiar. Para escapar del dolor y las dificultades, buscaba refugio debajo del balcón de su casa, que incluso pintó de azul.

Allí, dejaba que su imaginación lo transportara a otros lugares, creando personajes y escenas para desviar su atención de su difícil realidad. Ya adulto, sintió un llamado y una pasión por las obras de teatro acerca del perdón, incluso para aquellos que habían hecho mal a otros.

Tyler Perry terminó mudándose a Atlanta, Georgia, para perseguir este sueño, pero el viaje estuvo lleno de desafíos. Mientras mantenía diversos empleos a la vez, organizaba obras de teatro para audiencias de al menos 200 personas. En su debut, enfrentó su primera decepción cuando solo asistieron 30 personas y lo perdió todo. Incluso su madre le confió su tarjeta de crédito para alquilar una camioneta de $300, un gesto de fe que fue un sacrificio significativo para su familia.

Tyler se encontraba confundido porque tenía un claro sentido de que Dios le había instruido a crear estas obras para ayudar a las personas. Como resultado, renunció a varios trabajos para embarcarse en giras para presentar estas obras, pero el resultado seguía siendo devastador. Durante esta fase de su vida, mantuvo entre 20 y 30 empleos diferentes mientras perseguía insistentemente su sueño. La mayoría de las personas habrían abandonado sus sueños en este punto, pero Tyler no lo hizo. Él continuó luchando por la visión que tenía.

La historia de Tyler Perry sirve como ejemplo de la naturaleza impredecible de la fase de descubrimiento. Es un camino necesario que viene con pruebas y tribulaciones. Tyler atribuye esta temporada difícil como la base de su eventual éxito global en la creación de películas y obras de teatro. En otras palabras, sin esas dificultades, no habría cultivado la resistencia y el espíritu innovador que lo llevaron a la creación de personajes icónicos como Madea. Si en este momento estás enfrentando un momento difícil en tu vida, mantén tu posición y no te rindas. Esto podría ser potencialmente la base de la fuerza que necesitas para tener éxito en el futuro.

En un momento dado, cuando Tyler Perry lo había perdido todo y luchaba por llegar a fin de mes, hasta su madre lo desanimó, instándolo a *"dejar de hacer obras de teatro"*. Sin embargo, Perry anima a todos los soñadores, a todos aquellos que tienen curiosidad y buscan el descubrimiento, a mantenerse enfocados a pesar del desánimo. No importa quién te desanime, *"si tienes un sueño en tu corazón y en tu mente, y tienes metas, debes darlo todo y comprometerte por completo"* para lograrlo.

Tyler Perry relata una experiencia en la que escuchó la voz de Dios diciéndole que fuera a Carolina del Sur y presentará allí su obra. El único detalle es que la fecha coincidía con el paso de un huracán por esa área. ¿No es eso increíble? Él escuchó la voz de Dios que le decía que hiciera esta obra, y al mismo tiempo, se acercaba un huracán. Bueno, no pudo hacer la obra y terminó perdiéndolo todo. Terminó teniendo que vivir en su automóvil y básicamente quedó sin hogar. Con el tiempo, todos estos sacrificios se convirtieron en recompensas y bendiciones.

Tyler pasó de ser un joven maltratado a crecer y convertirse en uno de los productores de películas y programas más exitosos del siglo XXI. Atribuye su éxito a seguir y escuchar a Dios. ¡Y estoy de acuerdo!

Como dice Proverbios 3:5-6: *"Confía en el Señor con todo tu corazón, y no dependas de tu propio entendimiento. Busca su voluntad en todo lo que hagas, y él te mostrará cuál camino tomar".*

***"Confía en el Señor con todo tu corazón,
y no dependas de tu propio entendimiento.
Busca su voluntad en todo lo que hagas,
y él te mostrará cuál camino tomar".***

El gran momento de "*promoción*" de Tyler Perry finalmente llegó y, después de muchas pruebas, ahora posee una antigua base del Ejército en Atlanta, Georgia, con más de 300 acres que lo convirtió en uno de los estudios más prominentes y lujosos del mundo.

Muchos de ustedes conocen a Tyler Perry por uno de los personajes principales que ha interpretado llamada Madea. Este personaje que él concibió es una mezcla única de su tía y su madre, según él. Sus producciones no solo han entregado risas, sino que también han servido como fuente de sanación a través del humor. Es increíble contemplar que este viaje comenzó en medio de una vida llena de abuso, disfunción y sufrimiento profundo. Sin embargo, la historia de éxito notable radica en cómo Tyler aprovechó ese dolor y lo transformó en un sueño constructivo y una visión de autodescubrimiento.

Ahora, te invito a reflexionar sobre tu nivel de curiosidad y hambre por el descubrimiento. Pregúntate: ¿Qué despierta tu interés? ¿Qué descubrimientos te impulsan en esta etapa de tu vida? A veces, las circunstancias de la vida nos obligan a cuestionar y explorar aspectos específicos, empujándonos finalmente hacia nuestros sueños. Para otros, es la adversidad, las pruebas, los contratiempos y las dificultades los que guían su caminar y revela su llamado en este mundo. Una vez escuché a Eric Thomas decir: "*utiliza tu dolor a tu favor*". Esto parece ser lo que hizo Tyler Perry. Su historia demuestra cómo podemos usar el dolor como combustible y seguir avanzando hacia un futuro mejor.

"Para otros, es la adversidad, las pruebas, los contratiempos y las dificultades los que guían su caminar y revela su llamado en este mundo".

Reconozco que este enfoque puede no ser adecuado para todos. Algunos de nosotros hemos experimentado experiencias profundamente dolorosas y no tenemos ningún deseo de volver a recordar esos capítulos. Si esta sección ha despertado algo que todavía te perturba y no has podido superarlo, te animo a buscar ayuda profesional o asesoramiento para abordar esos problemas persistentes.

Al mismo tiempo, te invito a contemplar cómo tu dolor podría servirte como un catalizador para nuevas preguntas y búsquedas y para trillar caminos inexplorados. El dolor puede encender inclusive las llamas de la creatividad y la valentía dentro de ti. Recuerda, ya no estás confinado a una "*pequeña pecera*", sino que ahora tienes un tanque más grande para nadar. Permíteme ser claro, no importa si eres muy joven o mayor. Creo que Dios no ha terminado contigo todavía y hay más que hacer y lograr. ¡El momento es ahora!

"Creo que Dios no ha terminado contigo todavía y hay más que hacer y lograr. ¡El momento es ahora!"

Ruby Ingresa a la Escuela de Medicina

Hablando de emprender nuevos caminos, considera la historia de mi esposa Ruby. Por cierto, recibí la inspiración y la idea para este libro mientras esperaba a Ruby que saliera de una cita. A los 48 años, tomamos la audaz decisión de vender nuestra casa, poner nuestras pertenencias en un almacén y matricularnos en la escuela de medicina en Barbados. En el momento de escribir este capítulo, todavía ella está culminando su educación médica en la amigable Isla de San Martín. Después de nuestro primer semestre en Barbados, descubrimos una escuela hermana en San Martín que se adaptaba mejor a nuestras necesidades, lo que nos llevó a hacer una transferencia.

"Ruby es una exploradora y no pierde una oportunidad de iniciar nuevas aventuras. Desde muy joven siempre quiso viajar por el mundo, ¡y sí que lo ha hecho!"

Ruby es una exploradora y no pierde una oportunidad de iniciar nuevas aventuras. Desde muy joven siempre quiso viajar por el mundo, ¡y sí que lo ha hecho! Su formación científica la llevó a realizar investigaciones sobre cáncer y enfermedades infecciosas en todo el mundo a los niveles más altos. Inicialmente impulsada por la curiosidad, una tragedia personal relacionada con el cáncer en su familia profundizó su compromiso de investigar las causas y problemas de esta enfermedad.

Su motivación para convertirse en médica fue en parte alimentada por la perspectiva única que adquirió a través de sus experiencias personales, incluyendo las muy dolorosas. Mientras trabajaba como científica, investigadora y consultora para una destacada compañía farmacéutica en la Florida, comenzó a experimentar de primera mano las complejidades y realidades de estos médicos y pacientes con cáncer. Esta experiencia se desarrolló alrededor de 2020, coincidiendo con la pandemia global del Coronavirus. Esto abrió varias oportunidades para Ruby, no solo para realizar investigaciones de laboratorio sobre el cáncer, sino también para interactuar directamente con pacientes como oncóloga.

Esta transición a convertirse en médica también ha sido un viaje de autodescubrimiento para ella. Lo que comenzó a temprana edad como un interés general en la ciencia, la llevó eventualmente a estudiar biología y química. Luego, realizó estudios de posgrado en química y un doctorado en bioquímica y biología de células cancerosas. Y ahora, se está convirtiendo en una médica a sus 50 años (aunque parece que tiene 28).

Su historia es otro ejemplo de que la edad nunca debe ser una barrera. No hay límites para lo que puedes llegar a ser. Por eso insisto y te animo a mantener la flexibilidad y la curiosidad. Siempre busca nuevas formas de lograr la grandeza.

Comparto la historia de Ruby no solo porque es profundamente personal para mí, sino también porque ejemplifica las posibilidades que se presentan cuando las experiencias personales, incluso las dolorosas, despiertan una vocación, curiosidad o deseo de descubrimiento. He obtenido mucha inspiración al ver a mi esposa perseguir su sueño y llamado de convertirse en médica.

Obviamente, no todo ha sido fácil, pero los desafíos son parte de los pasos de fe que damos en pro de nuestro crecimiento y desarrollo personal. En nuestro caso, tuvimos que vender nuestra casa en Orlando, empacar nuestras pertenencias y adaptarnos a la vida en dos países sobre los cuales no sabíamos nada. Aprender nuevas culturas y formas de vida presentó su propio conjunto de dificultades, al igual que la ausencia de comodidades familiares, como alimentos específicos y medicamentos. Además, estar lejos de familiares y amigos aumentó la tensión emocional. Estamos agradecidos a Dios por la tecnología que nos permite mantenernos conectados a través de plataformas como Zoom y WhatsApp. Al mismo tiempo, ya sentimos la ansiedad de saber que nuestra residencia en San Martín ya se acaba y pronto nos mudaremos nuevamente hacia un nuevo destino.

El punto aquí es que cuando te embarcas en tu llamado, buscando el autodescubrimiento y el crecimiento, debes estar preparado para desafíos y sacrificios. Requiere salir de tu zona de "*comodidad*" y trabajar duro. La mayoría de las personas no harán lo que se necesita porque es mucho más fácil quedarse en lo familiar, en sus "*peceras*". Si ya has decidido seguir adelante, aplaudo tu deseo y te animo a abrazar el desafío.

Un último punto de este capítulo es considerar el impacto que trae tus decisiones no solo a ti mismo, sino también en tu pareja o familia, según aplique. Por ejemplo, durante mi tiempo como profesor en Berkeley, California, enseñé la mayoría de mis clases en línea. Sin embargo, tuve que viajar a California una semana al mes mientras vivía en San Martín y teníamos nuestras pertenencias almacenadas en Orlando, Florida.

"Descubre tu propósito para esta temporada y ve tras él. Solo tienes una vida, ¿por qué no maximizarla?"

Sí, fue muy complicado, pero no lo cambiaríamos por nada. Ambos nos enriquecimos mutuamente y estamos dejando un impacto duradero en el mundo. ¡Nos encanta! Entonces, ¿qué vas a hacer? Te insisto a que aceptes el desafío, como lo hicieron tanto la Dra. Ruby González-Rios como Tyler Perry. Empieza ese viaje que te ayudará a descubrir tu propósito para esta temporada. Solo tienes una vida, ¿por qué no maximizarla?

¡Maximizando!

Ahora ha llegado la oportunidad de aplicar lo que estás aprendiendo a tu vida personal y profesional. Me gustaría que te tomaras unos minutos y respondieras a las siguientes preguntas de la manera más honesta posible:

1. ¿Qué partes de este capítulo te hablaron personalmente?

2. ¿Puedes pensar en un momento específico en el que te expusiste a diferentes culturas, industrias o campos? ¿Qué aprendiste de esa experiencia y cómo impactó tu crecimiento?

3. ¿Cuáles son los posibles beneficios de buscar regularmente la exposición a puntos de vista y experiencias diversas en tu vida personal y profesional?

4. ¿Existen miedos o dudas que te impidan buscar activamente la exposición a nuevos conocimientos u oportunidades? ¿Cómo puedes superar estas barreras?

5. ¿Qué acciones o pasos específicos puedes tomar en las próximas semanas para exponerte a nuevas ideas, personas o experiencias que puedan conducir a descubrimientos valiosos en tu vida y liderazgo?

LLAVE 4

ENSEÑABLE & HUMILDE

"Solo guarda silencio, sé humilde y enseñable. Si alguna vez crees que lo sabes todo, ese será el comienzo de tus problemas". (Israelmore Ayivor)

Alrededor del año 1994, pasaba por lo que yo pensaba, era un día más de mi clase de estudios sociales de la escuela secundaria. Sin embargo, este día influenció mi vida de manera significativa. Mientras estaba sentado en clase, con mi mente preparada para soñar despierto o atender a cualquier distracción del ambiente, una mujer con un acento distintivo entró al salón. Su acento era extraño para mí. Comencé a especular que podría ser de ascendencia latina debido a su parecido con un acento español, aunque no podía estar seguro (ten en cuenta que todos tenemos acento). De todos modos, nuestra maestra la presentó como la Dra. Laila Denoya, la Directora de Upward Bound en SUNY Fredonia, Nueva York. Mi reacción inicial fue: *"¡A quién le importa!", porque* asumí que era solo otra persona tratando de vender algunos sueños falsos.

Pero cuando la Dra. Denoya comenzó a hablar sobre las perspectivas de la universidad y lo que podría significar para nosotros, pensé que debía estar loca. Al fin y al cabo, nadie que venía del "*barrio*" (los proyectos) fue a la universidad. Nosotros recurrimos a actividades ilegales como el tráfico de drogas, luchamos con múltiples trabajos mal pagados solo para llegar a fin de mes o, peor aún, terminamos encarcelados o fallecidos, ¿verdad? La noción de universidad me pareció absurda en ese momento, ya que rápidamente juzgué a alguien que más tarde se convertiría en mi ángel guardián y mentor de por vida.

La Dra. Denoya explicó cómo el programa Upward Bound podría ayudarnos a prepararnos para la universidad, y su sinceridad comenzó a derrumbar mi incredulidad. Sonaba como si hablara en serio, y dijo algunas otras cosas que realmente me llamaron la atención, como el dinero y la oportunidad de quedarme en una universidad en el verano. De repente, me sentí intrigado por la idea. Vi esto como una oportunidad para involucrarme en una especie de trabajo secundario, participar en el programa universitario de verano, hacer nuevos amigos y que me pagaran por ello. Pensé: *"¿Qué tengo que perder?"* Así que me inscribí con entusiasmo en el programa Upward Bound, que comenzó ese verano después de mi primer año.

Antes de continuar, permítanme explicarte un punto crítico. Si no me hubiera inscrito en Upward Bound, no creo que hubiera tenido el éxito que tengo hoy. No tendría dos doctorados, ni habría ocupado el cargo de vicepresidente en dos universidades, ni me convertiría en profesor, enseñando en instituciones estimadas como en Pennsylvania State University. Realmente, casi perdí estas oportunidades debido a mi error de juicio inicial, influenciado por el acento de la Dra. Denoya, y pensando que ella no podía relacionarse o entender a alguien como yo.

¿Cuántas veces perdemos oportunidades debido a nuestros prejuicios y actitudes discriminatorias? Me gustaría dirigir esto específicamente a las personas de color y de diferente etnicidad. Si bien es cierto que a menudo discutimos cómo el racismo de las personas blancas puede obstaculizar nuestro progreso, es esencial reconocer que a veces obstaculizamos nuestro propio crecimiento con una mentalidad limitada y un comportamiento deficiente.

Esto no es negar la existencia de supremacistas blancos o problemas sistémicos en la sociedad. Creo firmemente que existen. Sin embargo, también debemos asumir la responsabilidad de sabotear nuestras oportunidades a través de la estrechez de visión. Mi mensaje principal es que mantengas la mente abierta y no dejes que las oportunidades se escapen porque creas que deben provenir de una fuente, comunidad o persona específica. Dios quiere y puede bendecirte como Él quiera. Entonces, la pregunta es, ¿estás listo para ello?

"No dejes que las oportunidades se escapen porque creas que deben provenir de una fuente, comunidad o persona específica. Dios quiere y puede bendecirte como Él quiera".

¿Tienes a alguien en tu vida que pueda ofrecerte mentoría y apoyar tu crecimiento personal? Si no la tienes, te sugiero que busques a una persona que desafíe tus suposiciones y antecedentes, alguien que se preocupe lo suficiente como para decirte la verdad con amor. Para mí, la Dra. Denoya ha sido esa persona durante más de 30 años. Ella me ha guiado tanto en las buenas como en las malas temporadas y siempre ha estado a mi lado. De hecho, nuestra relación se ha vuelto tan estrecha que a menudo nos referimos el uno al otro como madre e hijo adoptivo, ¡qué bendición!

"Encuentra a alguien que ya esté donde aspiras a estar en la vida o, al menos, más adelante en el camino".

Un punto crucial a enfatizar es la importancia de encontrar a alguien que ya esté donde aspiras a estar en la vida o, al menos, más adelante en el camino. Estas personas pueden ver cosas que tú no verías, y se convierten en un estándar o referencia que puedes usar para medir tu crecimiento.

La Dra. Denoya, que viene de Venezuela, entendía mi origen Latino/a/x y los desafíos que enfrentan las personas de color, especialmente las mujeres, en el sistema educativo de los Estados Unidos. Había navegado con éxito por el sistema para obtener su doctorado, lo que le permitía sentir empatía con mis experiencias. Ella estaba casada con el Sr. Dr. Denoya, un médico, obtuvo su doctorado, trabajaba en una universidad, tenía amplias conexiones con la comunidad y entendía la vida de una manera que la gente de mi vecindario no podía.

Además, a pesar de que podía entender mis experiencias y antecedentes, se había movido más allá de los confines de mi vecindario y podía expandir mi visión más allá de lo que yo había considerado posible. En esencia, había superado la perspectiva limitada de nuestra comunidad porque ella ya no estaba en la pequeña pecera como yo.

Ser Enseñable

El apóstol Pablo declaró en Filipenses 3:12-14 (NTV):

"No quiero decir que ya haya logrado estas cosas ni que ya haya alcanzado la perfección; pero sigo adelante a fin de hacer mía esa perfección para la cual Cristo Jesús primeramente me hizo suyo. No, amados hermanos, no lo he logrado,pero me concentro únicamente en esto: olvido el pasado y fijo la mirada en lo que tengo por delante, y así avanzo hasta llegar al final de la carrera para recibir el premio celestial al cual Dios nos llama por medio de Cristo Jesús".

Los escritos de Pablo revelan su descontento con su relación con Jesús y los logros generales de su vida en ese momento. ¡Pero espera! ¿Estamos sugiriendo que incluso después de plantar numerosas iglesias, lograr el éxito como ministro y empresario, escribir varios libros, dominar varios idiomas, viajar extensamente por el antiguo mundo Mediterráneo y superar a sus mentores y colegas, sintió que había más por lograr? ¡Absolutamente! Esta era la visión de Pablo para su vida y liderazgo. Comprendió que aún quedaba mucho más por hacer para Dios y por su crecimiento personal.

"Debemos dejar de lado tanto nuestros fracasos como nuestros logros pasados y mantener nuestro enfoque en lo que está por venir".

Si Pablo abordó su llamado con tanta dedicación, ¿cómo deberíamos atender nuestro llamado, ministerio y trabajo? Creo que tenemos que imitarlo. Debemos dejar de lado tanto nuestros fracasos como nuestros logros pasados y mantener nuestro enfoque en lo que está por venir. Necesitamos mantener nuestra hambre de crecimiento y mantenernos motivados por la creencia de que hay mucho más que podemos contribuir para hacer del mundo un lugar mejor. Pablo mencionó que su objetivo era "*ganar el premio para el cual Dios lo había llamado al cielo*", lo que indica que tenía una meta específica que alcanzar.

¿Te has fijado objetivos claros? ¿Tienes una visión y una misión para tu vida con la que estás comprometido? Si ya las tienes, es maravilloso. Sin embargo, si aún no las has definido, también está perfectamente bien. Al final de este capítulo, puedes comenzar a escribirlas y pensar en cómo las vas a lograr. El llamado de Pablo a predicar y enseñar el mensaje de Jesús es lo que lo impulsó a hacer todo lo que hizo. También necesitamos metas bien definidas alineadas con nuestra visión y misión de vida para lograr el éxito.

"También necesitamos metas bien definidas alineadas con nuestra visión y misión de vida para lograr el éxito".

Creo firmemente que una de las razones principales por las que Dios escogió a Pablo para esta misión fue su naturaleza enseñable. A pesar de su educación excepcional y sus amplios logros, reconoció la existencia de "*lagunas*" de conocimiento y áreas en las que podía seguir sirviendo a Dios. Esta postura de humildad permitió que Dios obrara a través de Pablo, y también puede obrar a través de nosotros si adoptamos una mentalidad y una postura enseñables similares.

"La humildad permitió que Dios obrara a través de Pablo, y también puede obrar a través de nosotros si adoptamos una mentalidad y una postura enseñables similares".

La gente a veces asume que las personas altamente educadas piensan que lo saben todo, pero me he dado cuenta de que tales suposiciones provienen de inseguridades personales y no de hechos. Como alguien que tiene educación formal, puedo dar fe de que siempre hay más por aprender y espacio para crecer.

¿Puedo ser honesto contigo? Adquirir conocimiento debe tornar tu actitud en uno humilde. Sí, poseo un conocimiento significativo debido a mi educación, pero estoy muy lejos de saberlo todo. Esta realización me mantiene con ganas de aprender mucho más. Por lo tanto, ser, llegar a ser o seguir siendo enseñable es crucial para cualquier líder que aspire al éxito. ¿Estás dispuesto a aprender más? Si estás leyendo este libro, lo más probable es que tu respuesta sea sí, y por eso te aplaudo.

"Por lo tanto, ser, llegar a ser o seguir siendo enseñable es crucial para cualquier líder que aspire al éxito".

Recuerdo que cuando estaba cursando mi bachillerato, realmente necesitaba ayuda con ciertas materias, principalmente en matemáticas y ciencias. Simplemente, no podía entender los conceptos. En ese momento, había tomado clases en varios colegios comunitarios y ahora estaba inscrito en una universidad en línea. El entorno de aprendizaje en línea era completamente nuevo para mí, lo que agregó un nivel adicional de dificultad a mis estudios. Recuerdo claramente haber luchado con un curso de matemáticas en línea hasta el punto en que sentí que estaba al borde del fracaso. Fue en esta coyuntura crítica que me puse en contacto con la universidad en busca de orientación.

Su consejo fue retirarme del curso y encontrar un colegio comunitario local que ofreciera un curso similar que luego pudiera transferir a mi universidad. Esta solución tenía como objetivo reducir la carga de adaptación al aprendizaje en línea y aprobar las matemáticas simultáneamente, lo que había demostrado ser un desafío para mí. Debo confesar que en este momento, casi me doy por vencido. Sin embargo, finalmente me armé de valor para acercarme a un colegio comunitario local en Buffalo, Nueva York, y explorar la disponibilidad de hacer el curso allí y recibir tutoría. Para mi alivio, accedieron a ayudarme.

Recuerdo que asistía a clases matutinas en el colegio comunitario y posterior, me dirigía inmediatamente a las sesiones de tutoría. Mi tutora era una mujer blanca mayor a la que parecía gustarle beber alcohol (usa tu imaginación aquí). Aun con todo esto, gracias a su dedicación, completé con éxito ese curso de matemáticas que necesitaba, transferí los créditos a mi universidad y, finalmente, obtuve mi bachillerato. Si no hubiera estado abierto a recibir tutoría y mentoría, en otras palabras, ser enseñable, no habría terminado esa fase de mi educación.

Numerosos obstáculos pueden atravesarse en los viajes de aprendizaje nuestros, incluyendo las desigualdades sociales y educativas, las prácticas excluyentes, así como los problemas personales y familiares que limitan las oportunidades educativas. Sin embargo, la mayoría de las veces, el mayor impedimento somos nosotros mismos. Nos persigue el miedo a lo desconocido, la duda en nuestra capacidad de aprendizaje y la creencia de que no podemos lograrlo o no merecemos tener éxito. Conozco a alguien que posee un inmenso potencial, pero debido a traumas pasados y a que le dijeran repetidamente que era incapaz y estúpida, terminó internalizando estas mentiras y quedó atrapada en sus propias creencias negativas. Es triste porque puedo ver el inmenso potencial dentro de esta persona, y todo el aprendizaje y crecimiento que podría experimentar, pero se niega a seguir adelante porque está atrapado en el pasado.

Por lo tanto, la primera *"montaña"* que debemos vencer en nuestro viaje de aprendizaje somos nosotros mismos. Superar este obstáculo interno es crucial para alcanzar el siguiente nivel en nuestra búsqueda de objetivos de vida. Por esta razón, es esencial no tener miedo de buscar ayuda y hacer lo que sea necesario. ¡Sí, cueste lo que cueste! Después de todo, ¿no crees que tú y tus sueños valen la pena? Deja tu orgullo a un lado, además, ¡no hay nada de que enorgullecerse cuando no estamos viviendo a nuestro mayor potencial y maximizando nuestras vidas!

Pablo a Timoteo

El apóstol Pablo, un líder excepcional de su tiempo, fue más allá de su éxito personal. Dedicó tiempo y esfuerzo a guiar y nutrir a otros, al igual que mi propósito detrás de escribir este libro. Mi objetivo no es simplemente el éxito personal. También aspiro a que otros lleven una vida lo más satisfactoria posible. Pablo tenía la misma aspiración para su discípulo, Timoteo. En cierto momento de su relación, Pablo compartió las siguientes palabras en 2 Timoteo 3:10-17 (NTV):

"Pero tú, Timoteo, sabes muy bien lo que yo enseño y cómo vivo y cuál es el propósito de mi vida. También conoces mi fe, mi paciencia, mi amor y mi constancia. Sabes cuánta persecución y sufrimiento he soportado, y cómo fui perseguido en Antioquía, Iconio y Listra; pero el Señor me rescató de todo eso.

Es cierto, y todo el que quiera vivir una vida de sumisión a Dios en Cristo Jesús sufrirá persecución; pero los malos y los impostores serán cada vez más fuertes. Engañarán a otros, y ellos mismos serán engañados.

Pero tú debes permanecer fiel a las cosas que se te han enseñado. Sabes que son verdad, porque sabes que puedes confiar en quienes te las enseñaron. Desde la niñez, se te han enseñado las sagradas Escrituras, las cuales te han dado la sabiduría para recibir la salvación que viene por confiar en Cristo Jesús.

Toda la Escritura es inspirada por Dios y es útil para enseñarnos lo que es verdad y para hacernos ver lo que está mal en nuestra vida. Nos corrige cuando estamos equivocados y nos enseña a hacer lo correcto. Dios la usa para preparar y capacitar a su pueblo para que haga toda buena obra".

Leamos de nuevo lo que Pablo le dijo a Timoteo: *"Pero tú, Timoteo, sabes muy bien lo que yo enseño y cómo vivo y cuál es el propósito de mi vida. También conoces mi fe, mi paciencia, mi amor y mi constancia. Sabes cuánta persecución y sufrimiento he soportado"*. Déjame hacerte una pregunta. ¿Cómo podía Timoteo saber de estas cosas a menos que tuviera una buena relación con Pablo? ¿Cómo podía saber todo lo que le estaba sucediendo de primera mano? Interesante, ¿verdad?

Puntos clave que debes considerar acerca de los mentores:

- Te permiten ver sus vidas a un nivel más profundo (como lo hizo Pablo con Timoteo)
- Comparten su vida y su camino de fe contigo.
- Son transparentes y honestos contigo.
- No solo hablan de cómo se deben hacer las cosas, sino que lo ejemplifican a través de sus acciones y comportamientos.
- Te permiten aprender y crecer, hacer preguntas y empoderarte sin ningún juicio.

- Te desafían con gracia y amor mientras te hacen responsable.
- Nunca disminuyen tu valor, sino que te empoderan para desarrollar todo tu potencial.

Estos principios, inspirados en la relación entre Pablo y Timoteo, se pueden aplicar a nuestra vida y liderazgo. Al concluir este capítulo, reflexionemos sobre el profundo significado de ser enseñable y abrazar la guía de mentores en nuestro viaje por la vida. Cuando seguimos siendo enseñables, nos abrimos a un mundo de posibilidades. Ser enseñables significa que reconocemos que somos "*obras en progreso*", en perpetua evolución y crecimiento. Es una declaración de que nos negamos a ser complacientes y, en cambio, elegimos ser aprendices de por vida.

Nuestro viaje de ser enseñables y guiados por mentores no se trata simplemente de éxito personal; Se trata de convertirnos en los arquitectos de un mundo mejor. Cuando aprendemos, crecemos y lideramos, nos convertimos en faros, iluminando el camino para otros como lo hizo conmigo la Dra. Denoya. Al ayudar a otros a ser enseñables y orientarlos a lo largo de su viaje, creamos un efecto dominó de positividad, conocimiento y empoderamiento que se extiende mucho más allá de nuestros horizontes.

En el próximo capítulo, te mostraré lo qué es un mentor y cómo puede ayudarte a maximizar tu vida.

¡Maximizando!

Ahora ha llegado la oportunidad de aplicar lo que estás aprendiendo a tu vida personal y profesional. Me gustaría que te tomaras unos minutos y respondieras a las siguientes preguntas de la manera más honesta posible:

1. ¿Cuáles son tus pasiones e intereses que te traen alegría y satisfacción en la vida?

2. ¿Cuáles imaginas como tus metas y aspiraciones a largo plazo para el futuro?

3. ¿Cuáles son las fortalezas y talentos que te distinguen y que pueden aprovecharse para lograr tu misión?

4. ¿Cuáles son los desafíos y obstáculos que puede enfrentar al perseguir su visión, y cómo puede abordarlos?

5. ¿Cómo puedes medir tu progreso y éxito en el cumplimiento de tu misión y en dar vida a tu visión?

LLAVE 5

MENTORÍA

"Creo que un modelo a seguir es un mentor, alguien a quien ves a diario y aprendes de él". (Denzel Washington)

Cuando me matricule en el seminario para mi programa de doctorado, tuve el privilegio de cruzarme con el Dr. Juan F. Martínez, quien se desempeñó como profesor y administrador. Me atrajo la idea de trabajar con él y tenerlo como mi mentor porque, como compañero Latino, ya estaba persiguiendo las mismas cosas que yo aspiraba a hacer: *escribir libros e instruir a estudiantes de posgrado.* Recuerdo claramente nuestro primer encuentro, que tuvo lugar durante una comida en el seminario. Llevé algunos de sus libros a nuestra reunión, y fue una experiencia surrealista que los firmara ante mí.

Conversamos sobre los requisitos para un viaje de doctorado exitoso y compartimos ideas personales sobre nuestras familias. Nos reímos, planificamos y nos unimos en estos momentos. Sin embargo, fue solo cuando comenzamos a congregarnos en su iglesia y a participar en un pequeño grupo en su casa que realmente llegué a conocerlo a un nivel más profundo. El Dr. Martínez generosamente nos permitió a Ruby y a mí observar su vida de cerca y en persona. Pasamos tiempo de calidad con el Dr. Martínez y su esposa, la Pastora Ruth, en su casa y los vimos en sus momentos más sinceros, mostrando el lado humano de su liderazgo.

Esta fue una experiencia increíblemente enriquecedora, una que no cambiaría por nada en el mundo. Tuve la oportunidad de presenciar cómo interactuaba con los miembros de la iglesia que no estaban cursando doctorados y observé su naturaleza compasiva y pastoral. Nuestra conexión se ha mantenido fuerte hasta el día de hoy. De hecho, el Dr. Martínez escribió el prólogo de mi primer libro, *"Historias No Contadas: La Experiencia del Liderazgo Latino en la Educación Superior"* (del título original en inglés "*Untold Stories: The Latinx Leadership Experience in Higher Education").* Pude enviarle una copia firmada, muy parecida a las que me firmó años antes. ¿Ves cómo funciona esto? Recibes ayuda, luego ayudas, y sigues y sigues. Ese es el verdadero liderazgo.

Otra mentoría importante en mi vida ha sido con el Dr. Carlos Campo. Conocí al Dr. Campo mientras mi esposa y yo visitábamos una universidad que estaba considerando para mi primer doctorado. El Dr. Campo ocupaba el cargo de rector de la universidad, y eso me emocionó mucho porque era Latino. Hasta ese momento, nunca había conocido ni oído hablar de un presidente universitario Latino, y esto me inspiró mucho.

Este evento revela un aspecto importante de la mentoría: *buscar a alguien que haya alcanzado el nivel de éxito en un área de la vida que aspiras alcanzar, ya sea a nivel espiritual, físico, emocional o profesional.* Es difícil ser un mentor eficaz en un área que aún no dominamos o no hemos tenido éxito. El Dr. Campo ya había obtenido su doctorado, ocupaba un puesto de liderazgo en una universidad y era ampliamente respetado por su integridad y fe.

Observar al Dr. Campo en acción en ese día crucial, pronunciando un poderoso discurso, fue un momento crucial para mi decisión de matricularme en la universidad. Recuerdo claramente lo accesible que era. Como futuro estudiante que exploraba el campus, amablemente se tomó fotos con nosotros. Después de matricularme, me comuniqué con él por correo electrónico y me respondió constantemente.

Un par de años después, lo vi en una conferencia y me atreví a pedirle que fuera mi mentor. Expresé mis aspiraciones de trabajar en la educación superior, particularmente en una capacidad ejecutiva, y mencioné que carecía de conexiones con otros hombres Latinos en el campo. Seré honesto, pensé: *"Está tan ocupado y ya tiene mucho trabajo y tanta gente a la que atiende a diario, que va a decir que no"*. Pero para mi sorpresa, accedió sin dudarlo e incluso compartió su número de celular.

Esta experiencia reveló una segunda lección: *no dudes en acercarte a los posibles mentores después de identificar que puedes tener química con ellos y que pueden agregarte valor.* Si están de acuerdo, fantástico, ¡estás en camino a algo mejor! Asegúrate de honrar y respetar esta relación. Sin embargo, si declinan por cualquier motivo, no te molestes y solo comprenda que es posible que no puedan ayudarte ahora y confía en que el mentor adecuado se cruzará en tu camino. Dios proveerá a la persona adecuada para ti.

Después de un par de años de llamadas telefónicas y de Zoom, el Dr. Campo me presentó la oportunidad de servir como vicepresidente interino en otra universidad donde ocupó la presidencia. Mi esposa y yo nos sentimos profundamente honrados por su oferta, a pesar de que la ubicación no nos entusiasmó mucho. Sin embargo, debido al importante papel que desempeñó en nuestras vidas y al tiempo que invirtió en mí, decidimos que si ellos también podían brindarle una oportunidad a Ruby, era Dios quien nos abría las puertas. Estuvieron de acuerdo y nos mudamos para servir bajo su liderazgo.

Esto nos lleva a la tercera lección de mentoría: *"Siempre esté preparado para devolver el favor o extender la ayuda a los demás, de la misma forma en que una vez fue ayudado"*. El liderazgo excepcional siempre gira en torno al servicio de los demás. Como dijo una vez el Rev. Dr. Martin Luther King, Jr.: *"Todos pueden ser grandes porque todos pueden servir"*.

"El liderazgo excepcional siempre gira en torno al servicio de los demás. Como dijo una vez el Rev. Dr. Martin Luther King, Jr.: "Todos pueden ser grandes porque todos pueden servir".

Finalmente, me gustaría compartir un poco sobre mi mentor y compañero de rendición de cuentas, el pastor Jonathan Perkins, a quien llamo "*Obispo*". Conocí al Obispo el primer día de seminario, ya que ambos éramos estudiantes, y al instante hicimos conexión. Durante los siguientes tres años en nuestro programa de maestría, nos reuníamos con frecuencia para almorzar, tomar un café o entre clases. Eventualmente, por respeto a su sabiduría, longevidad en el matrimonio y experiencias de vida, me acerqué a él y le pregunté si me guiaría en asuntos de espiritualidad y responsabilidad personal. Admiraba mucho la profundidad del conocimiento y la perspicacia que podía impartirme. Accedió a reunirse conmigo periódicamente.

Ya han pasado más de 12 años desde que el Obispo me ofreció por primera vez su orientación para navegar por las transiciones de la vida y se convirtió en mi compañero de confianza en la rendición de cuentas. Lo que quiero decir con esto es que puedo discutir abiertamente cualquier cosa con él, ya sea lidiar con tentaciones, miedos, éxitos o cambios en la vida. Siempre ha estado ahí para mí, ofreciéndome apoyo sin juzgarme pero con pura honestidad.

El Obispo, junto con su esposa, la Primera Dama Sharon, también nos ha apoyado a mi esposa y a mí a través de varias transiciones de la vida, y por esto, estamos inmensamente agradecidos. El Obispo siempre ha sido abierto y transparente en nuestras conversaciones, independientemente del tema. Lo que quiero transmitir con esto es la importancia de encontrar un mentor o un compañero de rendición de cuentas que te ayude a navegar por los desafíos de la vida. ¿Por qué enfrentar momentos difíciles solo cuando otros pueden ayudarte? Puedes ser guiado por otras personas que han pasado por experiencias similares.

Lo que hace que mi relación con el Obispo sea tan única es que él ha sido una figura paterna espiritual para mí a lo largo de los años. Siempre se ha preocupado por mi relación con Dios y se asegura de que me mantenga en el camino correcto. En otras palabras, ha desempeñado un papel importante en la construcción de los fundamentos de mi liderazgo, particularmente cuando se trata de mi carácter e integridad. Estas son cualidades que son irremplazables en la vida de un líder. Te animo a que busques un tipo de pareja similar, alguien con quien puedas ser honesto y que pueda ofrecer sabiduría, experiencia y honestidad para ayudarte a ser responsable del llamado de tu vida.

"Nunca se sabe de dónde vendrá tu próxima bendición, así que mantente fiel a tu llamado y busca la sabiduría divina de aquellos a quienes respetas y admiras".

Podría escribir un libro entero sobre la importancia de la mentoría. Creo que si buscas a la persona adecuada, Dios siempre te la proporcionará en el momento perfecto. Recuerdo una etapa difícil de mi vida en la que estaba haciendo la transición de una iglesia y de una ciudad a otra. Durante este período, tuve varios consejeros y mentores, como el pastor Bob Tice y luego los pastores Moisés y Sylvia Vega, quienes me ayudaron a navegar esta fase tumultuosa. Sin su guía, estoy seguro de que mi viaje habría sido muy diferente. Fue a través de mi conexión con la familia Vega y su iglesia que tuve la oportunidad de conocer a mi esposa, Ruby. Todo esto sucedió porque escuché la sabiduría de la familia Vega. En otras palabras, nunca se sabe de dónde vendrá tu próxima bendición, así que mantente fiel a tu llamado y busca la sabiduría divina de aquellos a quienes respetas y admiras.

Mentoría Lateral u Horizontal

Hasta este punto, he estado discutiendo la mentoría, particularmente de personas que son mayores que yo. Es importante tener en cuenta que no todos los mentores serán necesariamente mayores. Solo estoy señalando que los que he mencionado hasta este momento han sido con más experiencia. Sin embargo, habrá casos en los que busque orientación o consejo de compañeros que tengan más o menos su edad o experiencias de vida similares. Me gustaría referirme a estos individuos como mentores "*laterales*" u "*horizontales*". Son esencialmente colegas que operan a un nivel similar al tuyo.

Durante el tiempo que viví en el Medio Oeste, tuve un amigo cercano y colega en la universidad donde trabajaba. Nos reuníamos con frecuencia para almorzar y constantemente nos animábamos mutuamente. A menudo me encontraba ofreciéndole apoyo espiritual, orando juntos y discutiendo el potencial y las bendiciones que Dios podría traer a su vida y a su familia. A cambio, desempeñó un papel crucial para guiarme hacia la diversidad, la equidad y la inclusión (DEI). Tenía más experiencia en este campo que yo, y era natural que compartiera su experiencia y me guiara en la dirección correcta.

Recuerdo que tenía numerosas preguntas para él, como preguntas sobre la interseccionalidad, el racismo sistémico y la intolerancia. Me recomendó varios libros fundamentales para que los leyera y mejorara mi comprensión sobre los conceptos de equidad y la inclusión. De hecho, me invitó a participar en reuniones de comités y grupos de trabajo relacionados con el trabajo de DEI en nuestra institución, ofreciéndome una idea de cómo funcionaban estos conceptos en entornos organizacionales de la vida real. Aunque yo era unos años mayor que él, siempre mantuvimos un profundo respeto mutuo como colegas y amigos en nuestros respectivos contextos. Tengo una deuda de gratitud con este amigo porque su mentoría jugó un papel importante para el desarrollo de mi actual trabajo de consultoría y coaching organizacional enfocado en DEI.

Los mentores laterales son aquellos con los que puedes compartir y aprender libremente, y a menudo no hay sensación de intimidación, ya que es probable que estén operando en niveles similares. A diferencia de los mentores verticales, en los que puede haber una dinámica de poder jerárquico, los mentores laterales suelen operar en un campo de juego más nivelado. Sin embargo, todavía puede haber una dinámica de poder en términos de información o experiencia que ambos acuerdan compartir, ya sea formal o informalmente. Por lo tanto, tómese un momento para reflexionar sobre quién en su red opera a un nivel similar, ya sea en términos de edad, lugar de trabajo o intereses compartidos. Considera cómo puedes desarrollar aún más tu relación con esta persona y ampliar mutuamente tus conocimientos y habilidades.

Me encanta jugar al baloncesto y todo lo relacionado con la Asociación Nacional de Baloncesto (de sus siglas en inglés NBA). ¿Te acuerdas del legendario Michael Jordan? Bueno, los seis campeonatos de Michael Jordan no habrían sido posibles sin la invaluable contribución de Scottie Pippen. Desde mi punto de vista, a pesar de que Scottie Pippen no sea considerado tan grande como

Jordan, los verdaderos entusiastas del baloncesto reconocen que los seis campeonatos y los seis premios de "*Jugador Más Valioso*" (del inglés MVP) de Jordan se lograron a través de la colaboración con sus compañeros de equipo.

Percibo la relación de baloncesto entre Pippen y Jordan o LeBron James y Anthony Davis como un reflejo de la dinámica que muchos de nosotros encontramos en varias organizaciones. Recuerde, la mentoría tiene que ver fundamentalmente con el desarrollo personal y de liderazgo, que no puede materializarse completamente sin la influencia de otros. Esto enfatiza la importancia de la mentoría horizontal o lateral, donde ambos individuos se ayudan mutuamente para alcanzar nuevas alturas. Es realmente una relación recíproca.

Mentoría hacia Abajo

Resumamos brevemente lo que hemos discutido hasta ahora. Hemos explorado a los mentores verticales, aquellos que están más adelantados que nosotros y probablemente donde aspiras a estar. A menudo, debido a la progresión de la vida, estos mentores pueden ser mayores que tú, aunque no siempre es así. Los mentores verticales, como la Dra. Denoya, el Dr. Campo y el Dr. Martínez, sirven como ejemplos de líderes que ocuparon posiciones más altas y me guiaron a su nivel.

En la mentoría lateral u horizontal, la dinámica es de reciprocidad donde los elementos jerárquicos son minimizados. O sea, no se trata de que uno guíe al otro, sino que ambas partes acuerdan apoyarse mutuamente en sus respectivo crecimiento y desarrollo como lideres.

Puede tratarse de un acuerdo oficial o informal. Representa una amistad donde conviven la reciprocidad y la mentoría. Como dice Proverbio 27:17: *"Como el hierro se afila con hierro, así un amigo se afila con su amigo".*

"Como el hierro se afila con hierro, así un amigo se afila con su amigo".

Ahora, analicemos lo que significa ser mentor para otros. Quiero ser cauteloso al usar el término *"mentorear hacia abajo"* para evitar implicar algún tipo de jerarquía en la que una persona se vea superior a las demás o tratar a otros como subordinados. Esta noción contradice mi filosofía de liderazgo, que se basa en la creencia de que los líderes están destinados a servir. Considero a Jesús, el líder más grande de todos los tiempos, y siempre enfatizó que no vino para ser servido, sino para servir.

Cuando me refiero a la mentoría, simplemente me refiero a que estás asumiendo el papel del mentor en una relación, proporcionando orientación y apoyo a otra persona. Es crucial que los líderes siempre estén dispuestos a compartirse con los demás, lo que incluye compartir su tiempo, talentos y recursos. Por lo tanto, si recibes mentoría de un líder vertical, alguien que es mayor, más experimentado o de un nivel más alto que tú, y participas en la mentoría mutua con un líder lateral u horizontal, es justo que amplíes tus habilidades y tu tiempo para ser mentor de otros.

"Es crucial que los líderes siempre estén dispuestos a compartirse con los demás, lo que incluye compartir su tiempo, talentos y recursos".

En esencia, veo la mentoría como un proceso recíproco: *recibes, pero también das*. Se alinea con la antigua sabiduría de que dar es más gratificante que recibir. Por lo tanto, tenga la intención de dar todo lo que pueda porque otros pueden beneficiarse de su orientación y apoyo.

Además de dar nuestro tiempo, también podemos contribuir con nuestros talentos y recursos financieros. Esto significa no solo extender la mentoría a las personas que aspiran a alcanzar el nivel que hemos alcanzado, sino también brindar apoyo a través de nuestras contribuciones financieras para ayudar a otros a realizar sus visiones de liderazgo y organización. Hay muchas personas necesitadas y, a veces, nos encontramos solo haciendo donaciones monetarias al azar (tesoros). Si bien esto es honorable, no es el enfoque principal aquí. Es sumamente importante identificar ministerios u organizaciones que resuenen o estén alineados con nuestros valores y metas, especialmente aquellos que no tenemos el tiempo o la experiencia para apoyar directamente. ¿Qué mejor manera de ayudar a estos esfuerzos a alcanzar su siguiente nivel que proporcionándoles dinero y tesoros?

Cuando se trata de donar tiempo, permítanme ofrecer un par de ejemplos. Actualmente, formo parte de dos juntas ejecutivas diferentes. En una junta, contribuyo a la causa de la educación teológica para los Latinos. Sirvo como miembro de la junta directiva de esta institución porque la educación teológica tiene una importancia significativa para mí. Este rol me ofrece una oportunidad única para involucrarme y aprender de los líderes verticales, al mismo tiempo que comparto conocimientos y perspectivas con los líderes laterales y horizontales. Además, tengo la oportunidad de mentorear a personas que aún no están en el nivel que yo he alcanzado, trabajando colectivamente para avanzar en la misión de proporcionar educación teológica a los Latinos.

En la otra junta, apoyo a otros directores ejecutivos dentro de una organización de plantación de iglesias. Esta organización se dedica a establecer y sostener iglesias orientadas a la justicia. En otras palabras, nos enfocamos en ayudar a los pastores y plantadores de iglesias a crear comunidades y organizaciones de fe que enfaticen en la integración de la fe y la justicia social, una causa que tiene una inmensa importancia para mí. Espero que entiendan el punto que estoy planteando aquí. Estoy ilustrando la importancia de retribuir. No basta con recibir. Si constantemente retiramos dinero de una cuenta bancaria, eventualmente el resultado sería la bancarrota. También necesitamos depositar.

Recuerdo la analogía de un viejo predicador en la que describía que algunos miembros eran como personas que venían a la iglesia con grandes sorbetos: *solo para aspirar todo el aire de la habitación*. No quieres estar entre esas personas. Si bien es crucial recibir apoyo, también debemos aspirar a dar más de lo que recibimos, contribuyendo a la mejora de los demás y de las causas en las que creemos.

"Dirige tus esfuerzos hacia personas que realmente quieran recibir tu orientación y apoyo".

Un último punto asociado con las donaciones y la mentoría es que es esencial dirigir sus esfuerzos hacia personas que realmente quieran recibir su orientación y apoyo. Esto trae a la mente las poderosas palabras de Jesús: "*No eches tus perlas a los cerdos*". En esencia, Jesús estaba advirtiendo en contra de compartir algo valioso con aquellos que no lo apreciarán o valorarán el significado de lo que estás ofreciendo. Esto es crucial porque, a veces, gastamos demasiada energía y tiempo en personas que pueden ser bien intencionadas, pero que no reconocen nuestras contribuciones. ¡La vida es demasiado corta! Lo mismo ocurre con algunas organizaciones. Enfócate en dar, proteger, ayudar y empoderar a aquellas personas que están en verdadera necesidad y verás que mostrarán aprecio por su ayuda. Seguramente, harán con otros lo que recibieron primero.

¡Elige Sabiamente!

Por último, ten mucho cuidado a la hora de decidir a quién permites hablar o influir en tu vida. Algunas personas pueden tener buenas intenciones, pero carecen de alineación con su visión y sus mejores intereses. Pueden tener buenas intenciones e intentar ofrecer orientación, pero si no han llegado a cierto punto en sus propias vidas, puede ser un desafío para ellos brindar valiosos consejos o mentoría.

También hay personas que simplemente no quieren verte triunfar, prosperar o progresar en tu liderazgo personal o profesional. ¡Aléjate de estas personas! Algunas personas bien intencionadas pueden estar impulsadas por sus miedo y pueden tentarte en no esforzarte. Por ejemplo, recuerdo que las personas cercanas a mí me preguntaban por qué seguí estudiando cursos avanzados. A mi esposa también le ha pasado. Si bien son personas bien intencionadas, a menudo no entienden o se identifican con tus intereses y objetivos. Quizás algunos preocupados solo desean protegerte de posibles daños, agotamiento o esfuerzo excesivo. Sin embargo, no debes dejarte llevar por sus limitaciones o miedos. Mantente fiel a tus sueños, ambiciones y vocación, y continúa persiguiéndolos con determinación.

"Algunos pueden estar motivados por el deseo de protegerte de posibles daños, agotamiento o esfuerzo excesivo, o simplemente pueden estar preocupados por ti. Sin embargo, no debes dejarte llevar por sus limitaciones o miedos".

Recuerdo que algunas personas cercanas a mi, me advirtieron para que no asistiera al seminario, también llamado sarcásticamente como "*el cementerio*". Sus preocupaciones estaban arraigadas en el temor de que yo perdiera mi fe al seguir una educación teológica. Que bueno que no presté atención a sus "*advertencias*", porque si no probablemente todavía estaría en el mismo banco de iglesia, *"comiendo madera como una termita"*.

Nunca hubiese logrado comenzar el trabajo en el que estoy involucrado hoy. Ya estaba haciendo algo antes de estudiar, pero no contribuía significativamente como lo hago ahora. Todo esto, gracias a mi búsqueda de educación formal y a la mentoría que recibí de personas en diferentes niveles.

Así como no deseas *"tirar tus perlas a los cerdos"*, también debes tener cuidado al permitir que las personas hablen en tu vida y al compartir tus sueños con los demás. Las palabras tienen un poder inmenso, y esas palabras pueden derribarte o edificarte.

Ahora, tómate un momento y reflexiona: *¿A quién estás permitiendo que influya en tu vida? ¿Estas personas te traen negatividad o te arrastran hacia abajo?* ¡No me malinterpretes! Es esencial estar comprometido y preocupado por el mundo y los que te rodean, pero me refiero a las personas que albergan persistentemente una mentalidad negativa, aquella a la cual yo llamo *"pensamiento apestoso"*. La amistad a largo plazo con este tipo de personas puede ser dañino. ¿Por qué? Porque, como dice el refrán, *"a la miseria le encanta la compañía"*, y muy pronto, te encontrarás compartiendo las mismas malas noticias y quejas todo el día, pensando en todos los aspectos miserables de la vida.

"Debes rodearte de personas positivas. Se trata de personas que, a pesar de enfrentar pruebas y tribulaciones, siempre identifican oportunidades en sus situaciones".

Por el contrario, debes rodearte de personas positivas. Se trata de personas que, a pesar de enfrentar pruebas y tribulaciones, siempre identifican oportunidades en sus situaciones y tiene la expectativa de un mañana mejor. Pueden entender que dentro de cada dificultad, Dios tiene la capacidad para sacar bien de ella. Necesitas estar en compañía de personas que te hablen de vida, te motiven a alcanzar la grandeza y revelen el increíble potencial que se encuentra dentro de ti. Busca personas que te desafíen a pensar más profundamente y te hagan responsable de tus metas.

¿Quieres maximizar y llegar a tu mayor potencial? Si es así, es crucial estar en compañía de aquellos que te animan y distanciarte de las personas cuyo pasatiempo principal es el chisme. ¡Toma esta decisión hoy! Es un paso estratégico y crucial en tu viaje, sin duda, será una de las mejores decisiones que tomarás en tu vida mientras buscas desarrollarte y convertirte en la persona que Dios te ha llamado a ser.

"Camina con aquellos que hablan vida y alejate de los que tienen como pasatiempo principal el chisme".

Me gustaría concluir este capítulo con esto: *Hacer este cambio no será fácil*. He tenido que distanciarme de ciertos miembros de mi familia y amigos cercanos. Aunque los amo, no puedo permanecer en el mismo lugar solo porque se sienten incómodos con mi progreso o los cambios en mi vida. En otras palabras, mi crecimiento, mi compromiso de *"aprender, desaprender, volver a aprender"* y maximizar mi potencial puede hacer que algunas personas se sientan incómodas.

Bueno, eso no es culpa tuya, y tampoco es mía. Es por eso que debes tomar una decisión. ¿Abrazarás el crecimiento, los logros y convertirte en todo lo que Dios te ha llamado a ser? ¿O te conformarás, serás complaciente y te quedarás con aquellos que no quieren progresar solo para mantenerlos cómodos? Es una decisión de gran importancia, que definirá tu camino mientras buscas cumplir con tu llamado y potencial.

"Elige el camino de la superación personal, comprometiéndote con el proceso de desarrollar la mejor versión de ti mismo".

La decisión está ante nosotros. Espero que elijas el camino de la superación personal, comprometiéndote con el proceso de desarrollar la mejor versión de ti mismo. ¡El mundo lo necesita! Todos ganan cuando mejoras.

¡Maximizando!

Ahora ha llegado la oportunidad de aplicar lo que estás aprendiendo a tu vida personal y profesional. Me gustaría que se tomaras unos minutos y respondieras las siguientes preguntas de la manera más honesta posible:

1. ¿Ya tienes un mentor o coach para este proceso? Si es así, ¿Cómo te va con él o ella? ¿Qué estás aprendiendo?

2. ¿Con cuál visión y misión de vida estás comprometido?

3. Si aún no tienes tu mentor, ¿Qué te está impidiendo conectarte con ese alguien? ¿Sabes a quién necesitas en tu vida para llevarte al próximo nivel?

4. ¿Estás mentoreando a otros? (mentoreo hacia abajo). Si es así, ¿Qué has aprendido al servir a otros?

5. ¿Cómo te pondrás a disposición de otras personas necesitadas? (Todo esto requiere intencionalidad)

LLAVE 6

RESILIENCIA, DETERMINACIÓN & AMBICIÓN

"Un sueño no se hace realidad por arte de magia; se necesita sudor, determinación y gran esfuerzo". (Colin Powell)

Crecí inmerso en el baloncesto, tanto como espectador como jugador. Siempre he admirado profundamente a Michael Jordan (MJ) por la forma en que destruía sin problemas a sus oponentes. Por supuesto, MJ era conocido por su intrépido régimen de entrenamiento, llegando al gimnasio antes que cualquiera de sus compañeros de equipo y saliendo más tarde, un rasgo compartido por muchos atletas de élite que buscan una ventaja competitiva (como LeBron James y el difunto Kobe Bryant). En mi opinión, el intenso deseo de MJ de ganar, evidente a través de sus acciones dentro y fuera de la cancha de baloncesto, no se desarrolló de la noche a la mañana.

MJ se enfrentó a un reto inesperado durante su primer año de escuela secundaria cuando fue eliminado del equipo de baloncesto. Es difícil de creer, ¿verdad? ¿El seis veces campeón de la NBA y seis veces MVP de las Finales de la NBA fue descartado por un equipo de baloncesto? Esto es una historia verídica. Esta figura legendaria no era lo suficientemente buena, por alguna razón, una mala decisión que probablemente persigue a su ex-entrenador hasta el día de hoy.

Sin embargo, la atención no la quiero llevar a la decisión del entrenador, sino a lo que MJ hizo después. Se negó a abandonar su sueño de convertirse en un gran jugador de baloncesto. En cambio, trabajó más duro fuera de la temporada, y regresó a las pruebas al año siguiente. Por su esfuerzo, se ganó un lugar en el equipo de su escuela secundaria. El resto, como se suele decir, es historia. A veces, aceptamos ciegamente los logros de los demás, olvidando las historias detrás de los líderes y las personas que admiramos.

Tengo una historia parecida, aunque no se desarrolla exactamente como la de MJ. Sin embargo, creo que la esencia de mi experiencia te hará sentido. Como mencioné anteriormente, crecí con un profundo amor por el baloncesto y pasaba mis tardes jugando en el gimnasio local del Ejército de Salvación (del nombre en inglés Salvation Army). Al igual que MJ, aspiraba a participar en el baloncesto organizado con mis compañeros de equipo y compartir la gloria de ganar partidos. En séptimo grado, hice mi primera prueba para el equipo, pero no fui seleccionado. Fue desalentador, pero estaba decidido a perseverar y esforzarme aún más.

Así que practiqué durante todo el verano para mejorar mis habilidades y regresé al año siguiente para las pruebas de octavo grado, solo para enfrentarme a la decepción otra vez. Sorprendentemente, continué intentando todos los años hasta mi último año de escuela secundaria, soportando seis años consecutivos de ser excluido del equipo. Sí, leiste bien: *seis años seguidos sin entrar.*

Recuerdo uno de esos años cuando fui ansiosamente al gimnasio para, una vez más, no ver mi nombre en la famosa lista de los seleccionados. Los entrenadores acostumbraban a colocar los nombres de los jugadores en la pared, una tradición que considero bastante cruel y humillante.

Permítanme proporcionar un contexto adicional, ya que creo que esto los ayudará en su viaje para maximizar su mayor potencial. Es crucial aclarar que nunca albergué ilusiones de convertirme en el próximo MJ, Kobe o LeBron, pero sí creía que poseía el nivel de habilidad para jugar en mi equipo local y tal vez incluso ganarme un lugar en un equipo universitario para continuar mi educación.

¡No! No fue así como me ocurrió. Cada año, trabajé diligentemente para refinar mi juego, practicando en mis puntos débiles como driblar con mi mano no dominante (soy diestro), dominar las entradas a la zona del canasto y perfeccionar mi precisión de pase. Dada mi estatura relativamente más baja (con solo 5'9"), me concentré en mejorar mis habilidades de tiro, incluidos los tiros libres y los triples. En esencia, temporada tras temporada, trabajé incansablemente para mejorar mi juego en general.

Uno de esos años realmente sobresalí, superando a la mayoría de mis compañeros. Incluso uno de los entrenadores lo reconoció durante las pruebas, exclamando: *"¿Quién se supone que debe estar con Peter? Está jugando como un campeón"*. Aunque era bajito, anotaba a voluntad, pasaba bien y corría de un lado a otro de la cancha libremente. Nadie podía detenerme. Estaba realmente emocionado, creyendo que mi dedicación durante todo el verano finalmente daría sus frutos.

Estaba convencido de que en mi segundo año, sin duda, aseguraría un lugar en el equipo. Sin embargo, para mi decepción, me dejaron afuera una vez más. Consumido por la frustración de ese momento, salí furioso de la escuela y me dirigí a la oficina del entrenador del equipo, que estaba ubicada a varias cuadras de distancia de allí. Irrumpí en su oficina y, en un momento de exasperación, lo confronté con un *"¡Qué es lo que pasa! ¿Por qué no estoy en el equipo?"* Todavía puedo ver la expresión en su rostro. Tal vez pensó: *"¿Quién se cree que es este chico, MJ?"*

De cualquier manera, el entrenador me informó que solo podía incluirme como reserva, lo que significaría que no podría usar el uniforme del equipo y probablemente nunca podría jugar. Rechacé su oferta porque sabía que era mejor que la mitad del equipo. En retrospectiva, podría haber aceptado la oferta y haberle demostrado de lo que realmente era capaz.

En este punto, es posible que estés pensando: *"¡Qué triste!"* ¡Y sí! Estoy de acuerdo contigo. Sin embargo, esta experiencia me enseñó mucho sobre mí mismo, sobre la determinación, la resiliencia y cómo canalizar mi energía hacia mis ambiciones. Lo más importante es que me enseñó a nunca rendirme. ¡Nunca! Esta experiencia me dio un impulso que probablemente no hubiese adquirido de otra manera. Hasta cierto punto, le debo gratitud a ese entrenador por su rechazo.

Curiosamente, descubrí tiempo después que el entrenador había informado al equipo que no me había incluido porque creía que yo era una influencia negativa, sospechando que estaba involucrado en actividades "*de la calle*" relacionadas con las drogas.

A menudo pensaba: *"Si él creía esto de mí, ¿por qué no me ayudó?"* Quizás proveerme consejería, porque irónicamente además de entrenador, ¡él era también un consejero escolar! Cuando me gradué de la escuela secundaria, descubrí que el entrenador que me rechazó por ser una supuesta mala influencia, consumia drogas. ¡Ironía en su máxima expresión!

"Cuando me gradué de la escuela secundaria, descubrí que el mismo entrenador que me rechazó por ser una supuesta mala influencia era un consumidor de drogas. ¡Ironía en su máxima expresión!"

Volveré a mis historias de baloncesto luego, y permítanme explicar lo que es determinación, resiliencia y ambición. Según el Diccionario Oxford, la determinación se define como *"la cualidad de estar determinado; firmeza de propósito"*. La resiliencia se describe como *"la capacidad de recuperarse rápidamente de las dificultades; dureza."* La ambición se caracteriza como *"un fuerte deseo de hacer o lograr algo; el deseo y la determinación de alcanzar el éxito"*.

Presta atención a estas definiciones:

- Determinación significa propósito inquebrantable,
- Resiliencia es la capacidad de recuperarse de los desafíos o dureza,
- La ambición se refiere a un fuerte deseo de alcanzar el éxito.

Tómate un momento ahora para reflexionar y memorizar estas definiciones, ya que serán vitales en tu viaje para lograr tus objetivos en la vida. Si bien creo firmemente que estos tres conceptos están interconectados, me gustaría hablarte más sobre ellos por separado para que puedas incorporarlos a tu estrategia para maximizar tu mayor potencial. Empecemos por la determinación.

Determinación

Determinación significa *"la cualidad de ser decidido; firmeza de propósito"*. Algunos sinónimos o palabras de reemplazo para la determinación son *"ser de mente fuerte, resuelto, valiente (¡tener agallas!), decidido, inquebrantable, firme y decidido"*.

Piensa en estas palabras y en lo que significan para ti. Pregúntate: ¿A qué estás decidido? ¿Es tu carrera, mejorar las relaciones familiares o tal vez mejorar tu salud? Independientemente de lo que te haya impulsado a elegir este libro, ya sea un deseo de crecimiento personal, éxito en varias áreas o cultivar tus habilidades de liderazgo, tendrás que ser decidido, inquebrantable, valiente, decidido y firme en tu propósito y llamado en la vida.

Tal vez no tengas una comprensión clara de tu llamado o de lo que estás destinado a lograr, y eso está perfectamente bien. No te preocupes, parte de la razón de leer este libro es guiarte en la búsqueda de ese camino. Por otro lado, sea lo que sea, tu propósito en la vida debe ser más grande que tú. Permíteme compartir algunos ejemplos personales.

Creo firmemente que lo que estás destinado a hacer en la vida ya está dentro de ti. Como persona de fe, creo que Dios te ha dotado de talentos y habilidades para lograr tener éxito en la vida. Es posible que necesites explorar y descubrir estos dones y talentos, pero ten la seguridad de que tu Creador ya te ha dado poder para tu misión en la tierra.

"Es posible que necesites explorar y descubrir estos dones y talentos, pero ten la seguridad de que tu Creador ya te ha dado poder para tu misión en la tierra".

Volviendo al concepto de propósito, te comento que es probable que tu propósito esté envuelto en aquello que realmente te irrita o en los problemas que te preocupan profundamente. Las cosas que nos frustran pueden ofrecer pistas sobre lo que debemos hacer para tornar el mundo un lugar mejor. A veces discernimos defectos en lugares y situaciones que otros no detectan, y eso puede ser otra señal. Otras veces, nos preguntamos por qué otros no ven las injusticias o los desafíos que enfrentan algunos. Esto también podría servir como una confirmación acerca de tu llamado y explicaría la razón por la cual te esté llevando en esa dirección.

"Es probable que el propósito de tu vida esté envuelto en aquellas cosas que realmente te irritan o en los problemas que te preocupan profundamente".

Por ejemplo, puedo entrar en una iglesia o en cualquier otro tipo de organización e identificar rápidamente disfunciones en su comportamiento organizacional, sistemas, políticas, protocolos o incluso problemas con algunos de los propios líderes. Esto no significa que vaya por ahí buscando todos los defectos en las iglesias u organizaciones. Eso implicaría que soy simplemente crítico y que realmente soy yo el que necesita ayuda. Lo que quiero decir es que poseo un don para identificar y resolver problemas organizacionales y ayudar a líderes a mejorar su eficiencia y los resultados de su organización.

Resiliencia y Ambición

Era enero de 1999 y me encontraba en un autobús en dirección a Parris Island, Carolina del Sur. La noche era oscura y todos en el autobús estaban en absoluto silencio, a pesar de que éramos unos cien individuos. Estaba tan asustado cuando nos llegamos a nuestro destino y las puertas se abrieron. El conductor del autobús hizo un gesto de saludo a la persona que había abierto la puerta, y lo único que pude pensar fue: *"¿En qué lío me he metido?"*

El autobús continuo adentrándose en el campo, hasta llegar a un edificio oscuro donde apenas podíamos ver el exterior. De repente, la puerta del autobús se abrió y entró una persona muy intimidante, algo así como un "*pitbull*". Era un instructor del Cuerpo de Marines de los EE. UU. que nos dio la bienvenida a Parris Island en Carolina del Sur. Nos dijo claramente estas palabras: *"Bienvenido a Carolina del Sur, Parris Island"*, y todo lo demás era niebla.

Durante los siguientes tres meses, entrenaría en el infame campo de entrenamiento de los Marines para convertirme en miembro de una de las mejores Fuerzas Armadas del mundo, el Cuerpo de Marines de los Estados Unidos (United States Marine Corps). Como he mencionado anteriormente, tengo reservas sobre el ejército y ni siquiera poseo un arma de fuego. Sin embargo, debo reconocer que fue durante mi tiempo en los Marines que comencé a comprender un nuevo nivel de resiliencia y ambición.

Los Marines, te enseñan que siempre hay un poco más de energía y lucha dentro de ti, y siempre existe el potencial de ganar. Eso es algo que nunca había escuchado en mi vida. Estos principios no solo se enseñan, sino que se impregnan en tus fibras a través del exigente entrenamiento al que te sometes. A medida que avanzas, aprendes cosas sobre ti mismo que nunca supiste que existían. Los límites que alguna vez tuve se desvanecieron, y las barreras y restricciones que una vez me impuse fueron destruidas en el campo de entrenamiento.

Cada vez que creía que no podía ir más lejos, que no podía hacer otra flexión, o correr o caminar otra milla, me animaban a perseverar, a seguir moviéndome y a seguir superando mis límites. Esta mentalidad sigue sirviéndome para maximizar mi vida hasta el día de hoy.

En una ocasión, durante el campamento de entrenamiento, nos enfrentamos al desafío de escalada en la pared. La pared debía de tener cien pies de altura, y me quedé paralizado por el miedo. No sabía que tenía miedo a las alturas hasta que escalé esa pared. Al llegar a la cima, me dijeron que tenía que descender por una cuerda y mi reacción inicial fue: *"¡No, yo no, hoy no!"*

Sin embargo, el instructor de ejercicios me guió sobre cómo asegurar la cuerda alrededor de mí, sostenerla correctamente y concentrarme en la pared, no en el suelo. En otras palabras, me estaba instando a mantenerme enfocado en la misión, que era bajar. Bueno, con miedo, pero ¡lo hice! Otros de los ejercicios involucraba estar en el tope de una alta pared, con una cuerda estirada horizontalmente que cruzaba por encima de un charco enorme de agua. Nunca creí que pudiera cruzar, pero vencí el miedo y completé la tarea.

Como he mencionado, no poseo ni llevo armas de fuego, pero en el Cuerpo de Marines me dieron un rifle. Era la primera vez que manejaba un arma. Estaba nervioso, preguntándome: *"¿Cómo uso esta cosa? ¿A dónde va la bala? ¿Cómo le quito el seguro? ¿Presiono aquí o allá?"* Estaba bien confundido. Fue a través de un largo y riguroso entrenamiento sobre cómo manejar correctamente el rifle, controlar mi respiración, manejar mis músculos y apretar el gatillo al final de una respiración exhalada, que lo dominé gradualmente.

"Luego me convertí en instructor de campo de tiro de los Marines, donde descubrí mi pasión por la enseñanza. Créeme, si puedes instruir a 200-750 Marines semanalmente, puedes enseñar cualquier cosa a cualquier persona".

Aprendí a disparar con precisión y finalmente alcancé el rango de experto. Sí, un experto en el Cuerpo de Marines de los Estados Unidos. Luego me convertí en instructor de campo de tiro de los

Marines, donde descubrí mi pasión por la enseñanza. Créeme, si puedes instruir a 200-750 Marines semanalmente, puedes enseñar cualquier cosa a cualquier persona.

El propósito de compartir esta parte de mi historia es resaltar cómo superé mi miedo a las alturas y otros miedos asociados con lo desconocido. Para muchos de ustedes que leen este libro, es posible que teman lo desconocido y se estén imponiendo limitaciones debido al miedo. Quiero invitarte a que hoy des un paso y escribas todas esas cosas que te dan miedo y comiences a pensar en cómo las vas a superar.

Por ejemplo, si tienes miedo de probar nuevos alimentos, considera pedirle a un amigo al que le gusten diferentes tipos de comida que te acompañe en tus aventuras culinarias para que no estés solo. ¿Dependes del transporte público porque careces de licencia de conducir a pesar de tener cuarenta años? Tal vez sea hora de obtener su licencia y un automóvil, lo que le brinda la independencia para viajar a donde necesita ir. O tal vez has dudado en probar cosas nuevas, incluso las más simples, como visitar la ciudad al lado de tu vecindario. Te animo hoy a que empieces a hacer esos pequeños cambios, a que te atrevas a soñar de nuevo y a pensar en cómo vas a superar tus miedos.

Como aprendí en los Marines y continúo aplicando en mi vida hoy, todo es posible con un poco de esfuerzo. Como decimos en la iglesia: *"Todo es posible si uno cree" (Marcos 9:23, NTV).* Así que, por favor, no se rindan. Puedes hacerlo. Puedes crecer y convertirte en lo que sea que aspires a ser.

Si puedes concebirlo, puedes hacerlo realidad. Tienes el potencial de convertirte en la persona y el líder que siempre has imaginado ser. Pero antes, debemos enfrentar y vencer esos miedos.

"Todo es posible si uno cree, pues no hay imposible para Dios".

Ahora bien, es crucial también reconocer que la sensación de miedo en sí misma no es negativa. En realidad, tiene un propósito vital. El miedo es un mecanismo interno que nos protege y nos ayuda a reconocer el peligro. Es una parte esencial de nuestra psicología humana. Por ejemplo, cuando cruzas la calle, no caminas imprudentemente sin revisar en ambos sentidos. Si ves que se acerca un coche, el miedo desencadena una respuesta rápida y te alejas del peligro.

Esto ilustra cómo el miedo nos ayuda a mantenernos vivos y nos guía para tomar las decisiones correctas. Sin embargo, necesitas educar tu mente para diferenciar cuándo el miedo te está protegiendo y cuándo te está limitando. Cuantos más miedos enfrentes y superes, más crecerá tu resiliencia y confianza en ti mismo. Tu determinación se expandirá, tu ambición florecerá y te verás impulsado a enfrentar desafíos nuevos y mayores.

Este crecimiento no es sólo para su beneficio sino que también se extiende a su familia, a su comunidad y al mundo. Superar algunos de mis miedos me ha permitido buscar educación adicional, iniciar negocios, establecer un par de iglesias y dirigirme a grandes audiencias, entre mis sueños logrados.

Soy tan humano como tú, lo que significa que tienes las mismas o incluso más posibilidades de éxito que yo.

¡Maximizando!

Ahora ha llegado la oportunidad de aplicar lo que estás aprendiendo a tu vida personal y profesional. Me gustaría que te tomaras unos minutos y respondieras a las siguientes preguntas de la manera más honesta posible:

1. ¿Qué desafíos pasados has superado con éxito y qué fortalezas usaste para lograrlo?

2. ¿Cuáles son algunas de las situaciones que te desencadenan estrés o ansiedad y cómo puedes manejarlas mejor?

3. ¿Qué te motiva a mantenerte enfocado y persistente cuando te enfrentas a desafíos o distracciones?

4. ¿Cómo priorizas tus tareas y administras tu tiempo para maximizar tu determinación y productividad?

5. ¿Cómo mantienes un equilibrio entre ser ambicioso y mantenerte contento y agradecido por lo que tienes?

6. ¿Hay algún miedo o duda que pueda estar impidiéndote perseguir tus ambiciones, y cómo puedes abordarlo?

LLAVE 7

SERVICIO INTENCIONAL

"Dad vuestras manos para servir y vuestros corazones para amar".
(Madre Teresa)

Lograr tus sueños exige trabajo duro y determinación. No se materializarán mágicamente. No puedes esperar que te los entreguen ya terminados. Los sueños se hacen realidad al dar tu máximo esfuerzo para perseguir lo que resuena en tu corazón y mente. Eso era lo que estaba tratando de compartir cuando te hablé sobre la resiliencia, la determinación y la ambición en el capítulo anterior. Se trata de esa hambre ardiente dentro de ti.

"Lograr tus sueños exige trabajo duro y determinación. No se materializarán mágicamente".

Quizás te preguntes a qué me refiero con *"tener hambre"*. Significa vivir motivado, apasionado, decidido e implacablemente ansioso por lograr lo que vive en tu corazón, mente y espíritu. Estás dispuesto a hacer todo lo posible para cumplir con el propósito único que se te ha asignado desde que naciste. La asignación de tu vida es particular y única, como tus huellas dactilares.

"La asignación de tu vida es particular y única, como tus huellas dactilares".

A veces debemos vernos a nosotros mismos en otra persona para comprender mejor cómo desbloquear nuestro potencial interior. Permítanme explicarlo mejor. Recuerdo una experiencia alrededor del 2008 cuando me conecté con un evangelista muy conocido en mi denominación. Me identifiqué con él debido a su reputación nacional e internacional referente al desarrollo del liderazgo entre los jóvenes. Su ministerio estaba teniendo un impacto significativo en la iglesia y la denominación, guiando la transición de las viejas tradiciones a los nuevos horizontes.

"Dios trae personas a tu vida que, a su vez, te conectan con los demás".

No lo conocía personalmente, pero tenía algunos conocidos que si tenían acceso a él. Es muy interesante ver cómo funciona la vida: *Dios trae personas a tu vida que, a su vez, te conectan con los demás.* Es por eso que, en mi capítulo de mentoría, enfaticé acerca de la importancia de tener un mentor, ser mentoreado por compañeros y también guiar a aquellos que nos admiran. Es importante que nos apoyemos unos a otros para darnos cuenta de los dones únicos que Dios ha inculcado en cada uno de nosotros; incluso Jesús comenzó con un equipo de doce.

El día que conocí a este evangelista, comencé a hacerle muchas preguntas y le expresé mi interés en unirme a su misión. Le pregunté: *"¿Cómo puedo serle útil?" "¿Cómo puedo ayudarte a cumplir tu propósito en Dios?"* Muchas personas lo conocían, pero solo estaban tratando de quitarle algo y buscando ayuda para lograr sus sueños. Realmente creo que para crear una conexión duradera, necesitamos agregar valor a la misión. Al apoyarlo, pude aprender cómo operaba, servía y administraba su próspero ministerio y aplicar esas lecciones a mi desarrollo. En esencia, estaba listo para servirle y ayudar a realizar su misión y visión, reconociendo que las bendiciones fluyen en ambos sentidos. Estaba ansioso por aprender de los mejores y entender lo que se necesitaba para lograr mis objetivos.

Eventualmente, tuve la oportunidad de viajar extensamente con este evangelista, observando cómo agendaba sus compromisos de conferencias y mantenía una red global de seguidores. Aprendí cómo la gente lo ayudaba a organizar sus campañas y eventos. No logró desarrollar todo esto solo. Tenía un equipo dedicado. Siempre había pensado que el éxito significaba hacerlo todo por mi cuenta, convencido de que era la única manera de que las cosas se hicieran bien. ¡Qué equivocado estaba! Aprendí de líderes excepcionales que el verdadero éxito y los logros solo son posibles cuando tienes un equipo fuerte trabajando contigo.

"Aprendí de líderes excepcionales que el verdadero éxito y los logros solo son posibles cuando tienes un equipo fuerte trabajando contigo".

Recuerdo que traté de ser útil en cualquier capacidad que pudiera ayudarlo. Mi objetivo principal era minimizar cualquier distracción o desafío que pudiera tener mientras viajaba para que pudiera concentrarse en sus compromisos de hablar y conectarse con la gente. Asumí voluntariamente la responsabilidad de llevar sus maletas hacia y desde los eventos, asegurándome de que tuviera acceso a elementos esenciales como agua, comida y meriendas para mantenerse lo mejor posible durante todo el día.

Oré por él, compartí palabras de aliento y validé el tremendo impacto que estaba teniendo en las personas, gracias a la guía de Dios. Después de sus sermones, fui uno de los primeros en reconocer que Dios lo usaba poderosamente. Es importante tener en cuenta que no necesariamente requirió mi ayuda, pero creí que era crucial alentarlo, ya que continuamente inspiraba a otros.

La verdadera esencia del liderazgo se enfoca en servir y ayudar desinteresadamente a los que están a tu alrededor. Este principio se ejemplifica bellamente en las palabras de Jesús: *"Pues ni aun el Hijo del Hombre vino para que le sirvan, sino para servir a otros y para dar su vida en rescate por muchos" (Marcos 10:45)*. Si Jesús dijo eso, entonces esta realmente es la clave para el liderazgo: *poner a los demás en primer lugar y ayudarlos*. Eventualmente, la inversión que siembres en otros, regresará a ti.

"Jesús dijo: "Pues ni aun el Hijo del Hombre vino para que le sirvan, sino para servir a otros y para dar su vida en rescate por muchos".

A medida que mi relación con este evangelista se fortalecia, comenzó a confiarme responsabilidades adicionales. Me pidió que tradujera sus sermones durante los servicios bilingües, lo que significaba estar a su lado durante su predicación. También me invitaron a orar por las personas que buscaban guía espiritual, una experiencia verdaderamente inspiradora. Además, me permitieron predicar por primera vez en un campamento juvenil muy grande. Estas son oportunidades que llegaron porque fui fiel en servir a otra persona. Así que nunca desprecies los pequeños comienzos (Zacarías 4:10).

Frecuentemente, las personas quieren tener éxito, pero se olvidan de apoyar a los demás en la búsqueda de sus sueños. Creen erróneamente que el éxito simplemente caerá en sus manos por ser quienes son. Sin embargo, el enfoque correcto es conectarse con personas que ya están persiguiendo lo que aspiras a lograr y aprender directamente de ellas. Al servirles, no solo te sentirás mejor, sino que también obtendrás de primera mucho conocimiento práctico. Te permite discernir lo que funciona, lo que necesita ser modificado y a dónde te podrías salir del camino. Esto no implica copiar a otros por completo o aprender todo de ellos, pero ofrece un modelo valioso.

Abrí este capítulo citando uno de mis versículos bíblicos favoritos de Mateo 7:7-8 (NTV), que anima a la persistencia: *Sigue pidiendo, buscando y llamando.* Me identifico con este versículo, ya que subraya la importancia de ser intencional y persistente. Si bien las palabras pueden ser diferentes a como lo dice la Biblia, el mensaje sigue siendo el mismo. Cuando se esfuerce por alcanzar el éxito, no dude en buscar ayuda persistentemente y siga llamando hasta que se abra la puerta correcta para usted.

Imagínese si simplemente me hubiera quedado en casa, esperando que los títulos que deseaba, ya sea el bachillerato, la maestría o un doctorado, aparecieran mágicamente en mi puerta. Suena absurdo, ¿verdad? La verdad es que tenía que tomar acción. Tuve que salir a estudiar, aplicar admisión en universidades, y soportar numerosos rechazos. Tuve que buscar la ayuda necesaria cuando tuve dificultades, particularmente en algunos cursos donde considere múltiples veces darme de baja.

Tuve que abordar temas que no me cautivaban, particularmente para obtener mi título de estudios religiosos. Nadie vino a tocar a mi puerta, ofreciéndome oportunidades para hablar y predicar en sus iglesias. ¡No funciona así! Tuve que unir fuerzas con un evangelista, servirle, llevar sus pertenencias y asegurarme de que tuviera todo lo que necesitaba para realizar su misión y visión. Fue a través de este servicio que aprendí lo esencial para un ministerio exitoso, incluyendo hablar, enseñar y predicar de manera efectiva. Tuve que ser agresivo para lograr mis sueños y desarrollar mi potencial. ¡Y tú también lo puedes hacer!

"Tuve que ser agresivo para lograr mis sueños y desarrollar mi potencial. ¡Y tú también lo puedes hacer!"

Con demasiada frecuencia, las personas se sientan a esperar, diciéndose a sí mismas y a los demás: *"Un día, voy a hacer esto, y un día, voy a hacer aquello"*. Bueno, esta es la realidad: *Ese día nunca llegará a menos que trabajes activamente para hacerlo una realidad ahora*. Como dice el refrán: *"Hay quienes hacen que las cosas sucedan, hay quienes ven cómo suceden las cosas y hay quienes se quedan preguntándose ¿qué pasó?"*. ¿Cuál serás tú?

Debes acostumbrarte a planificar y pensar en el futuro: que estarás haciendo dentro de un año, de tres, de cinco o hasta diez años a partir de hoy. ¿Dónde te imaginas dentro de una década? Luego que definas eso, tendrás que trabajar en reversa desde el punto que visionaste hasta donde estás ahora. Entiende esto: *las cosas no caen del cielo.* Permítanme enfatizar que no será fácil. Hay una rutina, un esfuerzo implacable que es necesario. Necesitarás el valor y la determinación para lograr todo lo que deseas. Créeme en esto: *nadie tropieza con el éxito, sino solo aquellos que son intencionales en su vida, negocios, ministerio, y llamado.*

"Nadie tropieza con el éxito, sino solo aquellos que son intencionales en su vida, negocios, ministerio, y llamado".

La intencionalidad lo es todo, y sin ella, lograrás muy poco y vivirás una vida mediocre en el mejor de los casos. Decide hoy ser más intencional sobre tu vida y liderazgo, sobre quién eres y en quién aspiras a convertirte. No seas una de esas personas que dicen: *"Estoy esperando en Dios"* para esto o aquello. No esperes en Dios porque Dios te está esperando a ti. Esta es precisamente la razón por la que debes buscar ayuda, mentoría y consejos de los demás.

"No esperes en Dios porque Dios te está esperando a ti".

Necesitas alinearte con aquellos que ya están haciendo lo que tú aspiras a hacer. Algunas personas luchan con el orgullo para pedir ayuda, pero es esencial superar eso y estar preparado para muchas respuestas de "*no*". La gente dirá que no tiene tiempo para ti, o incluso te despedirá sin razón. ¿Qué harás entonces? ¿Renunciarás? La respuesta debería ser un rotundo *"No... ¡Claro que no!"* ¡He pasado por demasiadas cosas como para dejarlo ahora! Nunca te rindas.

Esto te recuerdo: sigue preguntando, buscando y llamando. Solicita persistentemente ayuda, orientación, recursos y cualquier otra cosa que necesites hasta que adquieras lo necesario para dar vida a tus aspiraciones internas. ¡Sigue buscando! ¿Buscar qué?, te preguntarás. Pues busca lo que necesites para llegar a tu destino. En mi caso, tuve que buscar consejos, mentores, consejeros y buenos socios. Tuve que buscar a otros líderes que estuvieran haciendo lo que yo quería hacer para estar donde estoy hoy. La búsqueda más grande que he hecho es buscar más de Dios. No hay éxito si no se pone a Dios en primer lugar. Lo hablaremos más adelante en el libro

"Sigue preguntando, buscando y llamando".

He tenido que tocar muchas puertas, y muchas puertas se me han cerrado en la cara. Permítanme decirlo de nuevo: *muchas puertas se han cerrado firmemente para mí, y me duele*. Podría haberme rendido, pero no lo hice, y no lo haré. Estaba decidido a creer que lo que estaba dentro de mí necesitaba ser desatado sobre el mundo. Lo que había dentro de mí tenía que ser entregado para hacer de este mundo un lugar mejor.

A medida que continuas tu viaje, tendrás que tomar una decisión cuando las puertas comiencen a cerrarse. ¿Renunciarás cuando las puertas parezcan cerrarse en tu cara? O ¿Seguirás llamando hasta que alguien finalmente abra esa puerta y te brinde la oportunidad que has estado buscando?

Este nivel de resiliencia me recuerda lo que Jesús compartió sobre una mujer que buscaba justicia. Un día, Jesús compartió una historia con sus discípulos registradas en Lucas 18:1-8 (NTV) para enfatizar la importancia de la oración persistente:

"Cierto día, Jesús les contó una historia a sus discípulos para mostrarles que siempre debían orar y nunca darse por vencidos. «Había un juez en cierta ciudad —dijo—, que no tenía temor de Dios ni se preocupaba por la gente. Una viuda de esa ciudad acudía a él repetidas veces para decirle: "Hágame justicia en este conflicto con mi enemigo". Durante un tiempo, el juez no le hizo caso, hasta que finalmente se dijo a sí mismo: "No temo a Dios ni me importa la gente, pero esta mujer me está volviendo loco. Me ocuparé de que reciba justicia, ¡porque me está agotando con sus constantes peticiones!"

Entonces el Señor dijo: «Aprendan una lección de este juez injusto. Si hasta él dio un veredicto justo al final, ¿acaso no creen que Dios hará justicia a su pueblo escogido, que clama a él día y noche? ¿Seguirá aplazando su respuesta? Les digo, ¡él pronto les hará justicia! Pero cuando el Hijo del Hombre regrese, ¿a cuántas personas con fe encontrará en la tierra?"

A lo largo de mi viaje, aprendí que las puertas que se han cerrado en mi cara, a menudo, terminan siendo bendiciones. Permítanme explicarlo. Si bien todos esperan que las puertas se abran de par en par, a veces las que se cierran te redirigen a donde necesitas estar. Es como una guía divina, y aprendí este concepto desde el principio.

Cualquier rechazo no lo hago algo personal. Cuando alguien me cerraba una puerta, diciéndome "*¡No, gracias!*" o afirmaba que no necesitaban mis servicios, perseveré. Hasta el día de hoy, nadie puede cerrar las puertas que necesito acceder si están alineadas con la voluntad de Dios. Creo firmemente, que si soy guiado por el Espíritu de Dios a tocar las puertas correctas, no hay diablo en el infierno que pueda impedir que se abran, ¡porque Dios es un Dios que abre y cierra puertas! Si Dios lo hizo por mí, también puede hacerlo por ti. Simplemente, no cedas a la tentación de rendirte.

Es posible que estés pensando: *"Dr. Rios, no sabe cuántas puertas he golpeado. Ya me duele la mano"*. Bueno, gracias a Dios tienes otra mano, y si esa mano se cansa o se hincha, comienza a golpear con la cabeza si es necesario. Haz lo que sea necesario para dar a conocer tu presencia. Admiro la cita del consultor internacional Alan Weiss, quien sabiamente afirma: *"Tienes que tocar tu propia trompeta; de lo contrario, no habrá música"*. En términos más simples, debes ser tu mejor promotor y nunca renunciar a tus metas. Espero que hayas recibido la esencia de lo que estoy compartiendo aquí. ¡Persiste!

Recuerdo una historia interesante sobre otro orador motivacional que me ha inspirado mucho. Este orador motivacional fue adoptado por su madre, quien también adoptó a su hermano gemelo y hermana. También venía de la pobreza y soñaba con convertirse en "*disc jockey*" (DJ) en una emisora de radio. Aunque no encajaba en la imagen tradicional de un "*DJ*", se mantuvo firme en su creencia en sí mismo. Se puso en contacto con la emisora de radio local para preguntar por las oportunidades de trabajo.

En su primer encuentro con el gerente de la estación, le preguntaron si tenía experiencia como DJ o alguna otra experiencia en radio o entretenimiento. Su respuesta fue: *"No, pero soy inquebrantable en mi determinación, y sé que esto es lo que estoy destinado a hacer"*. El gerente, como era de esperar, lo rechazó informándole que no había vacantes. Sin embargo, la mayoría de la gente se habría dado por vencida en este punto, pero no este individuo. Seguía regresando, llamando a la puerta y repitiendo la misma petición todos los días.

Continuó con esta persistencia, semana tras semana. Un día, el gerente finalmente lo reconoció y le preguntó: *"¿No me llamaste ayer? ¿No te informé que no teníamos vacantes?"* A esto, él respondió: *"Sí, lo hiciste, pero no estaba seguro de si alguien había renunciado o, Dios no lo quiera, alguien había fallecido"*. Su sólida determinación y persistencia acabaron por desgastar al gerente (como el juez de arriba en la historia de Jesús). Lo invitaron a entrar, no para ser DJ, sino para hacer mandados.

Mucha gente se habría desanimado, ya que no era el papel al que aspiraban. Pero no este individuo. Lo vio como una oportunidad para aprender y desarrollarse. Ayudó con varias tareas y observó de cerca cómo los DJ's operaban el equipo técnico, interactuaban con la gente y manejaban las complejidades de sus roles.

Este enfoque es bastante similar a mi historia, en la que cargué las maletas de mi amigo evangelista y observé de cerca su ministerio. Un día afortunado, surgió una oportunidad inesperada para este orador motivacional. El DJ habitual estaba bebiendo alcohol en horas de trabajo y se emborrachó. El dueño de la estación llamó desesperado, preguntando si había alguien más presente que pudiera manejar los controles, y, casualmente, este individuo era el único allí. Cuando se le preguntó si sabía cómo operar la estación de control y la tecnología, respondió con confianza: *"Sí, lo sé, y estaría encantado de hacerlo"*. Entonces, el dueño le pidió que mantuviese el programa radial corriendo hasta que encontraran a otro DJ, ya que el otro estaba borracho y no podía hablar. Bueno, ¡el resto es historia!

La persona de la que estoy hablando es Les Brown, un orador motivacional de renombre internacional que ha pasado más de 30 años inspirando y capacitando a personas en todo el mundo, logrando un gran éxito financiero. Su historia es un testimonio de que nunca hay que renunciar a los sueños. Se humilló en la estación de radio, comenzó como el muchacho de los mandados y buscó activamente ser de ayuda, al mismo tiempo que aprovechaba la oportunidad de observar y aprender de los mejores. Creyó en la oportunidad que se le presentaba y así fue. ¿Qué esperas para tu propia vida?

Imagínense si Les Brown no hubiese aceptado esta gran oportunidad. Es posible que nunca hayamos oído hablar de las enseñanzas inspiradoras y la motivación con las que nos ha honrado a lo largo de los años. Aquí sucedieron dos cosas fundamentales. Les Brown no solo aprovechó la oportunidad de trabajar como el muchacho de los mandados en la estación de radio, asumiendo voluntariamente tareas que otros no querían hacer, como buscar comida, limpiar y recoger invitados para los Dj's, sino que también estaba aprendiendo activamente en el trabajo. Aprovechó este tiempo para adquirir los conocimientos y habilidades necesarios para ser un destacado DJ de radio.

En esencia, se estaba preparando para una oportunidad futura. Sin embargo, si no hubiera estado preparado cuando el dueño llamó, ¿qué habría sido de él? Esto me lleva a un punto crucial para ti: *necesitas prepararte y estar listo ahora*. No puedes comenzarte a preparar cuando surja la oportunidad. ¡No! Si esperas se te irá el "*tren*" y a veces no regresará la oportunidad.

"No asumas que te comenzaras a preparar cuando surja la oportunidad. ¡No! Necesitas prepararte y estar listo ahora".

Esto es precisamente lo que hice cuando viajé con un grupo llamado "*Rompiendo los Límites*", y más tarde con Jason Rodríguez (JRod) y su ministerio. Observé cómo JRod interactuaba con la gente, cómo predicaba y cómo servía a los demás, a los pastores y a las iglesias. Aproveché ese tiempo para prepararme para el día en que lideraría un ministerio y serviría en una capacidad similar.

Años más tarde, fundé un ministerio llamado "*Grace-N-Christ Ministries*" (Ministerio Gracia en Cristo) y viví por fe durante cinco años. Estuve a tiempo completo sin un ingreso estable. Viajé extensamente por todos los Estados Unidos y visité países como

Guatemala y República Dominicana, predicando en varias iglesias en diferentes lugares. Esto fue posible porque estaba dispuesto a aprender de otra persona y servir primero en su misión y visión antes de embarcarme en mi propio viaje.

Esta es la *"receta secreta"*, la *"clave"* del progreso. Encuentra a alguien que ya esté haciendo lo que aspiras a hacer y obtén conocimiento de ellos. Sírvelos diligentemente, contribuyendo en su misión y visión. Si no puedes conectarte con alguien en persona, explora los recursos en línea o utiliza cualquier medio necesario para encontrar un ejemplo.

"Mantén tu determinación, ambición y resiliencia, pero siempre avanzando hacia el propósito de tu vida por medio del servicio intencional".

Llegará tu turno de hacer lo mismo, y alguien aprenderá de ti. Mantén tu determinación, ambición y resiliencia, siempre avanzando hacia tu propósito por medio del servicio intencional.

¡Maximizando!

Ahora ha llegado la oportunidad de aplicar lo que estás aprendiendo a tu vida personal y profesional. Me gustaría que te tomaras unos minutos y respondieras a las siguientes preguntas de la manera más honesta posible:

1. ¿Por qué crees que es importante servir a los demás?

2. ¿Puede describir una situación en la que su servicio haya tenido un impacto positivo significativo en la vida de alguien?

3. ¿Cuáles son algunos de los beneficios potenciales que puede obtener al servir a los demás en su vida personal o profesional?

4. ¿Qué significa para usted vivir intencionalmente, y en qué se diferencia de vivir pasivamente?

5. ¿Qué te motiva a vivir con propósito e intención todos los días?

6. ¿Hay algún hábito o patrón de pensamiento que obstaculice tu capacidad para ser persistente y cómo puedes trabajar para cambiarlo?

LLAVE 8

HAMBRE DE CRECIMIENTO

"Si quieres hacer algo que valga la pena en tu vida, tienes que tener hambre". (Les Brown)

Durante mis estudios de doctorado en la Universidad del Sur de California (USC), un profesor mío nos pidió que completáramos un *"currículo de fracasos"*. El objetivo de esta tarea era animarnos a reevaluar los fracasos pasados como experiencias de aprendizaje valiosas a través de la lente de una mentalidad de crecimiento. Nuestra misión era escribir un currículo que describiera nuestros fracasos más significativos, con especial énfasis en aquellos que tuvieron un profundo impacto en nosotros, en lugar de solo mencionar errores triviales que pudieran explicarse fácilmente. Además, se nos animó a analizar estos fallos y, si era posible, a compartir nuestros conocimientos con nuestros compañeros.

Nunca había hecho una tarea como esta y debo admitir que me cambió la vida en el sentido de que me ayudó a ver las cosas desde una perspectiva diferente. Lo cual, por supuesto, era el objetivo del ejercicio. La mayoría de nosotros pensamos en los fracasos en un sentido negativo, asociándolos con la noción de que no se puede cambiar lo que sucedió o algo que es mejor dejar olvidado, ¿verdad? Sin embargo, mi profesor desafió este pensamiento convencional y demostró cuántos de nuestros éxitos nacieron de fracasos. Al mirar hacia atrás en lo que percibía como fracasos, reconocí cómo algunos de esos momentos habían servido como puntos cruciales en mi vida. Estos eventos me permitieron hacer cambios importantes y aprovechar nuevas oportunidades al tomar decisiones diferentes que finalmente me beneficiaron.

"Al mirar hacia atrás en lo que percibía como fracasos, reconocí cómo algunos de esos momentos habían servido como puntos cruciales en mi vida".

Para ilustrar este punto, considere el incidente de cuando me sorprendieron con drogas en la escuela secundaria. Como mencioné anteriormente, este fue un momento increíblemente vergonzoso para mí, mi familia y nuestra comunidad. Nunca debí haber estado involucrado en tales actividades o asociado con personas que promovían aquel tipo de comportamiento y malos hábitos en primer lugar. Sin embargo, si no hubiera sido por este punto bajo de mi vida, es posible que nunca me hubiera conocido el cuidado y la confianza de la Dra. Denoya en mí.

La mayoría de las personas se quedan contigo cuando las cosas van bien, pero realmente descubres el *"quién es quién"* y su carácter, por quién se queda a tu lado durante los momentos difíciles. Ella no tenía la obligación de apoyarme y, de hecho, era un riesgo para su reputación profesional con SUNY Fredonia y el sistema educativo.

Sin embargo, se mantuvo leal en su compromiso de ayudar a los jóvenes desfavorecidos, y hoy, soy la prueba viviente de lo que se puede lograr cuando alguien cree y te empodera para hacer lo correcto. Aunque esta experiencia fue sin duda uno de los capítulos más oscuros de mi juventud, finalmente resultó ser una bendición "*disfrazada*".

¡Por favor, no me malinterpretes! Ya reconocí que participar en esa situación fue un error, y me arrepiento de haber pasado por ello. Lo que estoy señalando aquí es que de esta desgarradora experiencia, surgió un resultado positivo: *una mentoría de por vida con la Dra. Denoya*. Aprendí de la manera más difícil que, incluso los momentos más vergonzosos, se pueden superar con la actitud y mentalidad correcta, las cuales me acompañarían a través de mi viaje en los Marines y hasta completar mis títulos de posgrado.

Otro ejemplo de fracaso que compartí con ustedes fue mi intento de seis años de entrar en el equipo de baloncesto sin tener éxito. ¡Piensa que vergüenza! ¿Te sientes identificado? No estoy seguro de si fui testarudo o muy decidido. Una cosa sí conozco: me ayudó a creer en mí de forma inquebrantable, incluso cuando nadie más creía en mí. Proporcionó la autoconciencia necesaria para navegar por la edad adulta mientras lidiaba con inseguridades e incertidumbres. Estos son solo dos breves ejemplos de cómo los aparentes "*fracasos*" pueden indicarle un mejor camino a seguir.

Los fracasos deben recordarnos la sabiduría que se encuentra en las palabras del Salmista: *"El sufrimiento me hizo bien, porque me enseñó a prestar atención a tus decretos" (Salmo 119:71).* Debo admitir abiertamente que cada vez que me he encontrado de frente con el fracaso, me ha acercado más a Dios. Estos reveses me han inspirado a buscar una conexión más profunda con Jesús, tal vez porque el fracaso a menudo provoca el reconocimiento de nuestra necesidad de ser guiados por alguien más poderoso que nosotros.

"Debo admitir abiertamente que cada vez que me he encontrado de frente con el fracaso, me ha acercado más a Dios".

Como se declara en las Escrituras: *"Y sabemos que Dios hace que todas las cosas cooperen para el bien de quienes lo aman y son llamados según el propósito que Él tiene para ellos" (Romanos 8:28, NTV).* No estoy diciendo que todo lo que nos sucede sea bueno, más sí creo que presentar nuestros desafíos a Dios puede ayudarnos a navegarlos y superarlos.

Enfréntate a los Fracasos y Errores y Aprende de Ellos

Antes de terminar el *"currículo de fracasos"* para mi clase, nunca había pensado realmente en cómo se podrían aprovechar los momentos difíciles de la vida para el crecimiento y el desarrollo personal. La mayoría de nosotros tendemos a ver estos momentos como *"callejones sin salida"* u *"obstáculos imposibles"*, pero extiendo una invitación, como lo hizo mi profesor una vez por mí, a replantearte estas experiencias de vida de manera más positiva. ¿Qué lecciones se pueden extraer de lo llamas fracasos? ¿Estás siendo demasiado crítico contigo mismo? ¿Podrían transformarse en victorias?

Considere el ejemplo de Michael Jordan, quien no fue escogido en el equipo de baloncesto en su primer año. ¿Qué hubiera pasado si hubiera aceptado ese fracaso inicial y hubiera pensado: *"El entrenador tiene razón; No soy lo suficientemente bueno para el equipo?"* Es posible que nunca hayamos sido testigos de su grandeza, ya que ganó seis campeonatos de la NBA y numerosos premios. Ciertamente no me comparo con MJ, pero si midiera seis pies y algo, casi podría garantizar que habría llegado a la NBA (por favor, no se rían).

No puedo evitar preguntarme qué habría pasado si hubiera renunciado al baloncesto después de haber sido rechazado no de uno, sino de seis equipos. Curiosamente, varios años después, mientras servía en los Marines, llegué a formar parte del equipo de mi unidad en la base, que es equivalente a un equipo universitario. Así que, este es mi mensaje para ti: *"Nunca te rindas de ti mismo. Eres un regalo para el mundo, y el mundo te necesita".*

"Nunca te rindas de ti mismo.
Eres un regalo para el mundo".

Si nunca habías escuchado esto antes, deja de leer por un momento y escribe esta frase en una nota adhesiva y colócala en algún lugar de tu casa durante unas semanas hasta que lo creas y puedas decírtelo a ti mismo en el espejo todos los días con convicción. Ponte de pie y háblate con confianza: *"¡Soy un regalo para el mundo y me necesitan!"* Todo lo que necesitas es creer en ti mismo y en los dones únicos que Dios ha puesto en ti. El mundo te necesita, y es crucial cumplir el destino para el que fuiste creado. Cuando vemos nuestros fracasos como oportunidades de aprendizaje, veremos de que hay más que lograr en la vida, y nuestro viaje está lejos de terminar.

Un Tiempo para Todo

Creo firmemente que experimentar el fracaso es una parte esencial de la experiencia humana. De hecho, es casi inevitable que cada uno de nosotros se encuentre con el fracaso al menos una vez en la vida. Es más probable que sea varias veces, a menos, por supuesto, que evitemos probar cosas nuevas. El libro de Eclesiastés 3:1-8 (NTV) declara que hay un tiempo para todo en la tierra:

"Hay una temporada para todo, un tiempo para cada actividad bajo el cielo. Un tiempo para nacer y un tiempo para morir. Un tiempo para sembrar y un tiempo para cosechar. Un tiempo para matar y un tiempo para sanar. Un tiempo para derribar y un tiempo para construir. Un tiempo para llorar y un tiempo para reír.

Un tiempo para la tristeza y un tiempo para bailar. Un tiempo para esparcir piedras y un tiempo para juntar piedras. Un tiempo para abrazarse y un tiempo para apartarse. Un tiempo para buscar y un tiempo para dejar de buscar. Un tiempo para guardar y un tiempo para botar. Un tiempo para rasgar y un tiempo para remendar. Un tiempo para callar y un tiempo para hablar. Un tiempo para amar y un tiempo para odiar. Un tiempo para la guerra y tiempo para la paz".

Creo que está claro en las Escrituras que si hay un tiempo para todo, entonces ciertamente hay un tiempo para fracasar y un tiempo para tener éxito. Si bien es natural que prefiramos tener éxito, esa no es la realidad en la que vivimos. Incluso las personas más exitosas del mundo se enfrentan a contratiempos y fracasos de vez en cuando. La diferencia es que siguen avanzando y no permiten que los fracasos los depriman o afecten su determinación y hambre de éxito. De hecho, utilizan estas experiencias como combustible para continuar su búsqueda de la grandeza.

"Incluso las personas más exitosas del mundo se enfrentan a contratiempos y fracasos de vez en cuando. La diferencia es que siguen avanzando".

Creo que los fracasos deben ser vistos como parte de una temporada, no como un estado permanente. ¿Crees que es un hábito saludable levantarse cada día pensando: *"¿En qué voy a fallar hoy?"* A menos, por supuesto, que se encuentre en una fase de exploración, curiosidad o participe en el departamento de investigación y desarrollo de una empresa. Para la mayoría de nosotros, los fracasos rutinarios no es un lujo que podemos permitirnos. Debemos asumir riesgos calculados.

Sin embargo, fracasaremos a menos que nunca intentemos cosas nuevas. La pregunta crucial es cómo respondemos a estos fracasos. ¿Nos definirán o nos llevarán a renunciar? ¿Serán combustible para enfocar nuestra dirección y continuar esforzándonos por maximizar nuestro potencial?

"La pregunta crucial es cómo respondemos a estos fracasos. ¿Nos definirán o nos llevarán a renunciar?"

A veces, nuestros fracasos ocurren porque nos resistimos al cambio o somos reacios a trabajar duro para tener éxito. Si aspiras a alcanzar tu potencial de liderazgo, el trabajo duro y la voluntad de hacer cambios son esenciales. A veces, pasamos más tiempo del adecuado en una misma temporada, relación o trabajo, en particular por miedo. No estoy diciendo que tengas que irte ahora y dejarlo todo. Lo que estoy diciendo es que tendrás que evaluar dónde estás ahora mismo. ¿Eres feliz en tu situación actual? Si no es así, ¿qué cambios son necesarios para alcanzar el siguiente nivel?

Conozco personas que se consideran fracasadas porque no están comprometidas con lo que se supone que deben hacer. Sin embargo, persisten en hacer lo que siempre han hecho que no les da resultados. Como dice el viejo refrán: *"La locura es hacer lo mismo repetidamente y esperar resultados diferentes".* Entonces, ¿por qué no considerar un cambio de carrera o tomar medidas para prepararse mejor para una transición? Las oportunidades rara vez tocan a nuestras puertas, por lo que debemos buscarlas activamente. Es por eso que la preparación es clave. Algunas personas piensan que se prepararán cuando llegue la oportunidad, pero para entonces será demasiado tarde. Seguramente, alguien más se ha estado preparando y la tomará primero que tú.

"La locura es hacer lo mismo repetidamente y esperar resultados diferentes".

Algunos de nosotros, aunque hemos alcanzado cierto nivel de éxito, el miedo al fracaso nos paraliza para poder continuar. ¡El momento de actuar es ahora! Rara vez hay un momento ideal para el cambio, pero estamos siempre abiertos para recibirlo.

Dejemos las excusas, sobre todo si vivimos en Estados Unidos, una tierra de abundantes oportunidades. Dejemos de culpar a otras personas por estar paralizados o limitados. ¡No lo estamos! ¡Necesitamos seguir adelante y recuperar el control y la responsabilidad de nuestras propias vidas en el nombre de Dios!

Mantener el Hambre Incluso A Través de los Fracasos

Un concepto erróneo común sobre el fracaso es que la gente piensa que es el final de todo. Muchos creen que una vez que fracasan, sus objetivos se vuelven inalcanzables y la recuperación es imposible. Estos son conceptos falsos que debemos confrontar.

El fracaso debe servir como una breve pausa, una oportunidad para replantear o un momento para elaborar estrategias sobre cómo mejorar la situación. Si bien hay circunstancias fuera de nuestro control, muchas fallas se pueden abordar. Aun cuando si no se puede arreglar, puede ser una valiosa oportunidad de aprendizaje.

"El fracaso debe servir como una breve pausa, una oportunidad para replantear o un momento para elaborar estrategias sobre cómo mejorar la situación".

Lo peor que le puede pasar a alguien es quedarse en la "*trampa del fracaso*" durante demasiado tiempo. Cuando eres atrapado, pierdes tu espíritu de lucha y deseas abandonar todo. Es posible que conozcas a alguien que tenga esta descripción, y lo más probable es que todos hayamos pasado por ese lugar en algún momento. Vivir en un estado de *"fracaso eterno"* no es una opción viable. Debemos sacudirnos el polvo, ponernos de pie y continuar la búsqueda de la excelencia. Caerse es inevitable, pero también lo es levantarse. Fracasar es seguro, pero debemos aprender y crecer a través de estas experiencias.

Hay momentos en los que nos encontramos pensando: *"Ahora sí que se acabó esto. Realmente lo he hecho esta vez. No hay vuelta atrás para salir de esto"*. A veces, incluso perdemos el hambre y la pasión que inicialmente alimentaron nuestra búsqueda de metas. Sin embargo, no debemos permitir que los fracasos se lleven nuestra determinación y hambre de crecimiento. ¡Debemos mantener nuestra hambre y poseer una sed insaciable de maximización!

"¡Debemos mantener nuestra hambre y poseer una sed insaciable de maximización!"

Denis Waitely dijo una vez: *"El fracaso debe ser nuestro maestro, no nuestro sepulturero. El fracaso es un retraso, no una derrota. Es un desvío temporal, no un callejón sin salida. El fracaso es algo que solo podemos evitar si no hacemos nada, si no decimos nada y sin ser nada"*. No sé ustedes, pero yo estoy seriamente comprometido a seguir sediento y hambriento por mis sueños. ¡Ese es el nivel de deseo requerido!

Permítanme compartir una historia reciente que escuché sobre una persona joven que aspiraba a alcanzar el éxito llamada Destiny. Esta joven buscó la guía de un gurú que ya había alcanzado el éxito que ella deseaba. El gurú respondió invitándola a reunirse en la playa a las 5:00 am de la mañana siguiente. Destiny no podía esperar al día siguiente, creyendo que sería un momento crucial en su camino hacia el éxito.

En la tan esperada mañana, Destiny se preparó e incluso se puso ropa de negocios, queriendo causar una impresión positiva en el gurú. Cuando se encontraron, el gurú estaba vestido casualmente con pantalones cortos, una camiseta y sandalias de playa. El gurú entonces preguntó: *"Si realmente deseas el éxito, sígueme hasta al agua"*. Destiny siguió al gurú y el agua les llegaba al nivel de las rodillas. Sin embargo, dudó en aventurarse más, ya que vestía ropa de negocios. El gurú reiteró: *"¿Realmente aspiras a tener éxito?"* Destiny reafirmó su compromiso. *"Sí, es por eso que estoy aquí para aprender a lograr el éxito"*.

El gurú la animó a sumergirse más profundamente en el agua. Cuando el agua llegó a su barbilla, Destiny comenzó a sentir miedo, preguntándose por qué el gurú la estaba llevando a la profundidad. Ella pensó: *"Vine aquí por el éxito, no por una clase de natación"*. El gurú insistió diciendo: *"Ven un poco más lejos y te mostraré lo que se necesita para tener éxito"*. Cuando Destiny estaba prácticamente bajo el agua, el gurú la sujetó, le sumergió su cabeza bajo el agua, y la mantuvo bajo el agua durante algún tiempo. Destiny luchó por respirar y estaba en un estado de pánico. Luchaba por salir del agua y estaba desesperada por respirar.

Eventualmente, el gurú la soltó, y mientras Destiny jadeaba por aire, ella exclamó: *"¿Qué te pasa? ¿Estás tratando de ahogarme?"* El gurú respondió con calma: *"No estaba tratando de hacerte daño. Te estaba enseñando una valiosa lección de vida. Mientras estabas bajo el agua, ¿en qué estabas pensando? ¿Tus aspiraciones de éxito, riqueza y tus sueños?"* Destiny, aun recuperando el aliento, respondió: *"¿Estás loco? ¡Solo pensaba en la necesidad de respirar!"* El gurú entonces dio la profunda lección: *"¡Exactamente! Cuando quieras tener éxito tanto como quieres respirar, entonces serás verdaderamente exitosa".* (a menudo citado por Eric Thomas, el predicador del Hip Hop)

"Cuando quieras tener éxito tanto como quieres respirar, entonces serás verdaderamente exitosa".

Déjame hacerte una pregunta: ¿Qué tan fuerte es tu deseo de éxito? ¿Cuánto quieres convertirte en la mejor versión de ti mismo? Es probable que si estás leyendo este libro, no estés del todo satisfecho con tu fase actual de vida, y eso es una señal positiva. A veces, el obstáculo más importante para el éxito y el desarrollo personal en el liderazgo es la satisfacción o la complacencia. Es pensar que hemos llegado a un punto de comodidad en el que creemos que no hay nada mejor más allá de nuestras circunstancias actuales.

Ciertamente, hay una buena clase de satisfacción. Estar contento o satisfecho puede ser saludable, siempre y cuando no implique creer que no hay nada más que lograr en la vida. El apóstol Pablo declaró: *"...No es que haya pasado necesidad alguna vez, porque he aprendido a estar contento con lo que tengo. Sé vivir con casi nada o con todo lo necesario. He aprendido el secreto de vivir en cualquier situación, sea con el estómago lleno o vacío, con mucho o con poco. Pues todo lo puedo hacer por medio de Cristo, quien me da las fuerzas" (Filipenses 4:11-13, NTV).*

"Pues todo lo puedo hacer por medio de Cristo, quien me da las fuerzas".

Me encanta esta escritura porque Pablo nos está enseñando que hay una manera de vivir y progresar en la vida, pero permanecer presentes. En otras palabras, Pablo no estaba preocupado por los éxitos o fracasos pasados, ni estaba demasiado preocupado por el futuro. Estaba totalmente enfocado en maximizar su presente.

¡Eso es lo que quiero decir con quedarse hambriento y nunca satisfecho! Siempre hay otro objetivo que alcanzar, otra tarea que cumplir y más formas de contribuir para hacer del mundo un lugar mejor. Las personas más exitosas que conozco nunca se quedan en el mismo lugar. Siempre están buscando el próximo desafío, luchando en contra de injusticias o nutriendo nuevas ideas para libros o proyectos. Por el contrario, aquellos que creen que ya han llegado a menudo se encuentran atrapados en el mismo lugar ensayando victorias pasadas.

Me viene a la mente la historia sobre un pastor que celebraba con orgullo 40 años de ministerio, a pesar de que su congregación nunca creció. La gente se preguntaba qué había estado haciendo durante cuatro décadas y cuando comenzaron a investigar, concluyeron que pastoreó por un año y repitió lo mismo 39 veces más. Su falta de voluntad para aprender o crecer había estancado a su congregación. En mi caso, de vez en cuando me preguntan por qué tengo dos doctorados. Mi respuesta es: *"¿Por qué no?", ó "¿Por qué tú no tienes uno?"* Completar un doctorado es un desafío, y es por eso que menos del 2% de la población humana tiene este título. Los perseguí porque me impulsa el hambre de aprendizaje, de crecimiento personal y evitar los errores del pasado.

La exposición a personas diversas, educación y otros países solo ha intensificado mi hambre. Cuanto más aprendo, más me doy cuenta de lo vasto que es el mundo del conocimiento y de lo poco que sé realmente. Es una experiencia de humildad que me motiva a seguir aprendiendo y creciendo. Actualmente, leo un mínimo de un libro por mes, pero eventualmente quiero llegar a un libro por semana.

En 2011, tuve el privilegio de visitar el magnífico país de China mientras estudiaba en mi seminario. Durante mi visita, tuve la oportunidad de explorar la Gran Muralla China. ¡Qué asombroso es este trabajo hecho por humanos! Una estructura donde no alcanzabas a ver el final e incluso se puede apreciar desde el espacio. Intenté subir bastante, pero solo llegué al final del primer de cinco niveles en total. Lo que realmente me sorprendió fue la presencia de una anciana que nos acompañaba, quien también estaba cursando su maestría a la edad de 73 años. Su determinación me dejó un profundo impacto y pensé: *"¡Quiero ser como ella cuando sea grande!"*

Comparto esta historia para enfatizar que la edad nunca debe limitar nuestro potencial de crecimiento, aprendizaje y desarrollo. Es una cuestión de deseo personal y hambre por más. El impacto del ejemplo de esa notable dama ha permanecido conmigo a lo largo de mi vida. Pensé: *"Si ella puede hacer una maestría a la edad de 73 años, ¿qué estaré haciendo yo cuando llegue a esa edad?"* Una cosa sé: *no me quedaré sentado sin hacer nada*. ¡Tal vez esté ocupado escribiendo otro libro, embarcándome en nuevas aventuras o incluso intentando escalar la Gran Muralla China!

Desafortunadamente, algunas personas pueden creer que su vida ha terminado a los 20, 30, 40, 60, 80 o cualquier otra edad. El hecho es que tu vida se terminara cuando creas que lo está. Tu vida finalmente se convertirá en lo que tú decidas hacer. Entonces, la pregunta clave es: *¿Cómo quieres que sea tu vida? ¿Qué impulsa tu hambre por más? ¿Qué es lo próximo que puedes lograr? ¿Hay alguna misión o proyecto que puedas iniciar?* No te rindas, hay más cosas que puedes hacer.

¡Maximizando!

Ahora ha llegado la oportunidad de aplicar lo que estás aprendiendo a tu vida personal y profesional. Me gustaría que te tomaras unos minutos y respondieras a las siguientes preguntas de la manera más honesta posible:

1. ¿Puedes describir una experiencia reciente en la que te hayas encontrado con fracasos o contratiempos? ¿Qué aprendiste de esta experiencia?

2. ¿Cómo sueles reaccionar ante el fracaso o los desafíos? ¿Los ves como oportunidades de crecimiento y aprendizaje, o te desaniman?

3. ¿Puedes pensar en un momento en el que un fracaso finalmente te haya llevado a un logro o éxito más significativo en tu vida? ¿Qué aprendiste de esa experiencia?

4. ¿Hay habilidades o fortalezas específicas que hayas desarrollado como resultado de fracasos pasados? ¿Cómo puedes aprovecharlos en tus proyectos futuros?

5. ¿Qué pasos puedes tomar para crear un entorno de apoyo que te anime a tomar riesgos, sabiendo que el fracaso es un resultado potencial y que está bien siempre y cuando aprendas de él?

LLAVE 9

AUTOEVALUACIÓN

"Trabajar en los problemas y en la autoevaluación es un signo de fortaleza". (Dana Reeve)

Un niño pequeño fue hasta una cabina telefónica temprano en la mañana. Esta cabina estaba ubicada al lado de la caja registradora de una tienda. El chico marcó un número e inició una conversación con una señora mientras el dueño de la tienda escuchaba la conversación.

Niño: *"Señora, ¿podría contratarme para cortar su grama?"*

Señora – "*Ya contraté a alguien para que me cortara la grama*" – respondió al otro lado del teléfono.

Niño: *"Señora, le cortaré la grama por la mitad del precio que le cobra la otra persona"*.

Señora – "*Pero estoy muy feliz con la persona que ya contraté*".

Niño – "*Incluso barreré tu piso y las escaleras de tu casa gratis*".

Señora: *"Eres muy generoso, pero no. Gracias"*.

Después de su respuesta, el chico tenía una sonrisa en su rostro y colgó el teléfono. El dueño de la tienda, que estaba escuchando su conversación, se le acercó para conversar.

Dueño de la tienda – *"Hijo... Me gusta tu actitud. Me gusta tu pensamiento positivo y tu espíritu y me gustaría ofrecerte un trabajo en mi tienda".*

Niño – *"Eres muy amable, pero no, gracias"* – dijo cortésmente, sorprendiendo al dueño de la tienda al escuchar esto.

Dueño de la tienda – *"... ¡Pero estabas suplicando por un trabajo hace un momento!"* – respondió extrañado;

Niño – *"No, señor... ¡Déjame explicarte! Yo soy el que está trabajando en la casas de esa señora en este momento y quería saber si estaba feliz con mi trabajo o si estaba pensando en contratar a otra persona".*

La historia de este chico representa la mentalidad y la actitud de la que hablo en este capítulo. En el viaje del autodescubrimiento y el crecimiento personal, la llave de la autoevaluación se destaca como una herramienta fundamental que sirve como una brújula y un mapa. Definida correctamente, la autoevaluación es *"el acto de mirar hacia adentro, examinar nuestros pensamientos, comportamientos y motivaciones, nos permite comprender mejor quiénes somos, dónde estamos parados y hacia dónde queremos ir".*

La autoevaluación es el espejo que nos sostenemos a nosotros mismos, reflejando nuestro mundo interior de fortalezas, debilidades, deseos y aspiraciones. Ya sea que busques mejorar tu desempeño profesional, construir relaciones más saludables o simplemente obtener un sentido de propósito más claro, la autoevaluación puede llevarte allí.

"La autoevaluación es el acto de mirar hacia adentro, examinar nuestros pensamientos, comportamientos y motivaciones".

Es por eso que necesitamos reexaminar nuestras vidas, relaciones, carreras y convicciones espirituales. ¿Qué te está ayudando a alcanzar tus sueños? ¿Qué te impide moverte o crecer? Comprométete hoy a cambiar lo que sea que se interponga en tu camino hacia el potencial de crecimiento. ¿Por qué? Porque debemos cultivar una mentalidad orientada al crecimiento en áreas de nuestras vidas. En otras palabras, no estoy enfocado únicamente en avanzar profesionalmente, sino en progresar en todos los aspectos de mi vida.

Permítanme compartir con ustedes algunos ejemplos. A principios de este año, me comprometí a convertirme en una mejor versión de mí mismo. Reconocí la importancia de alinear mis acciones con mis enseñanzas. En consecuencia, me comprometí a establecer una rutina de acostarme temprano, idealmente alrededor de las 9:30 pm (pero definitivamente antes de las 10 pm), para asegurarme de poder levantarme a las 5 am. Sin embargo, mi hora inicial de despertarme no era a las 5 a.m.; Comenzó a las 7 a.m., luego se trasladó gradualmente a las 6:30 a.m., 6 a.m. y, finalmente, a las 5 a.m.

Puede que esto no te parezca significativo, pero para mí, fue un cambio significativo. Me había estado acostando y despertando a horas irregulares, pensando que era aceptable debido a mi horario de trabajo flexible. Sin embargo, esta falta de estructura estaba afectando mi productividad, lo que me obligaba a intensificar mi rutina diaria para liberar mi potencial de liderazgo. Además, decidí levantarme temprano con el enfoque principal de pasar tiempo con Dios. Durante este tiempo devocional, leo y reflexiono sobre las Escrituras, oro y profundizo mi conexión espiritual con Dios.

También he reanudado la práctica de escribir un diario, documentando mis pensamientos y reflexiones a medida que me involucro con las Escrituras. Este proceso me permite escuchar y conversar con Dios a través de las Escrituras, el pensamiento, la oración y la reflexión. He reintroducido el ayuno en mi vida, principalmente los jueves, enfatizando el desarrollo de disciplinas espirituales para mejorar mi crecimiento personal y espiritualidad. Recuerda, tenemos que seguir hambrientos de más, de lo que viene.

Estoy muy hambriento de una conexión más profunda con Dios, y estoy ansioso por descubrir Sus planes para mí en el próximo año. Deseo profundizar mi comprensión de Jesucristo. Quiero expandirme, crecer y desarrollarme como líder, reconociendo mi responsabilidad ante Dios, mi cónyuge, mi familia, la iglesia, mi comunidad, y el mundo.

"A medida que profundizo en mi relación con Dios, mi hambre de crecimiento y el deseo de lograr más también han crecido".

A medida que profundizo en mi relación con Dios, mi hambre de crecimiento y el deseo de lograr más también han crecido. Esto sugiere que hay un propósito mayor para mí en este mundo. Que tengo un propósito que implica tocar vidas, fomentar el crecimiento, influir en las personas y alcanzar nuevos horizontes, todo para la gloria y el honor de Dios. Deseo hacer del mundo, un lugar mejor para las generaciones futuras. Si estás leyendo esto, es probable que tú también estés invitado a embarcarte en este viaje transformador.

Aprovecha el Poder de la Autoevaluación

La autoevaluación es una herramienta importante en el desarrollo del liderazgo porque proporciona información sobre tu desempeño e identifica lo que te motiva como líder, para que puedas usar mejor tus habilidades y dones. Cuando practiques intencionalmente la autoevaluación, serás beneficiado en tu proceso de maximización.

En primer lugar, obtendrá información valiosa para establecer objetivos y formular planes de mejora del rendimiento para tu próxima temporada. Dicho de otra manera, no necesitas esperar hasta el final del camino para hacer cambios en tu estrategia de vida. La autoevaluación también te ofrece una retroalimentación positiva que refuerza la autoestima y te motiva como líder a trabajar diligentemente para lograr tus objetivos personales.

"Este proceso de autodescubrimiento le permite identificar oportunidades para aprovechar tus fortalezas de liderazgo".

Este proceso de autodescubrimiento le permite identificar oportunidades para aprovechar tus fortalezas de liderazgo, evitando así que pierdas tiempo, esfuerzo y recursos. Al jugar con tus fortalezas, también estás ayudando a cerrar las brechas entre tu estado actual y tus metas deseadas. Una cosa que puedo asegurar sobre los líderes que practican la autoevaluación: *su credibilidad aumenta y la confianza percibida es mayor entre las personas que los rodean.*

Cuando un líder habla desde un corazón procesado, significa que sus palabras y motivos son sinceros, genuinos y están profundamente basados en sus creencias, emociones y valores personales. Este tipo de comunicación va más allá de seguir un libreto. Hablar desde el corazón implica:

1. **Autenticidad**: Un líder que habla desde el corazón es genuino y auténtico. Transmiten sus verdaderos sentimientos, pensamientos y convicciones, en lugar de basarse en declaraciones vacías o siguiendo un libreto.

2. **Transparencia**: Somos abiertos y honestos al comunicar, compartiendo nuestras perspectivas y emociones genuinas, aun cuando puedan ser vulnerables o incómodas.

3. **Empatía**: Un líder que habla desde el corazón a menudo demuestra empatía y comprensión hacia su audiencia. Conectan con las personas a nivel emocional y demuestran que se preocupan por el bienestar de los demás.

4. **Pasión**: Sus palabras suelen estar impregnadas de pasión y entusiasmo. Expresan un fuerte compromiso con su visión, objetivos o valores, que pueden ser contagiosos e inspirar a otros.

5. **Claridad**: Aunque hablar desde el corazón es impulsado por las emociones, no significa que le falte claridad a la comunicación. Los líderes deben transmitir su mensaje de manera efectiva , haciendo que la audiencia entienda sus intenciones y la importancia de lo que están diciendo.

6. **Identificabilidad**: Estos líderes son identificables porque hablan de la experiencia humana compartida y se conectan con las personas a nivel personal. Esto puede fomentar la confianza y construir relaciones más sólidas.

7. **Inspiración**: Hablar desde el corazón, puede inspirar y motivar a otros. Las palabras resuenan con la audiencia, y hace más probable que las personas apoyen la visión.

Hablar desde un corazón procesado es un poderoso rasgo de liderazgo porque establece una fuerte conexión emocional con los seguidores y genera confianza. También puede hacer que un líder sea más accesible, identificable e influyente. Es importante tener en cuenta que la autoevaluación no se trata de cómo deseas ser percibido por los demás, sino más bien una evaluación honesta de tus propios pensamientos, comportamientos y hábitos.

"Hablar desde un corazón procesado es un poderoso rasgo de liderazgo porque establece una fuerte conexión emocional con los seguidores y genera confianza".

Ser sincero con uno mismo es esencial para conseguir maximizar el autoaprendizaje. Me encanta lo que el Salmista declaró en el Salmo 139:23-24 (NTV): *"Examíname, oh Dios, y conoce mi corazón; pruébame y conoce los pensamientos que me inquietan. Señálame cualquier cosa en mí que te ofenda y guíame por el camino de la vida eterna".*

Si Es Tan Saludable, ¿Por Qué No Lo Hacemos?

Los seres humanos tienen una tendencia natural a resistirse a los procesos de autoevaluación por una variedad de razones psicológicas y emocionales. En primer lugar, la autoevaluación a menudo implica un grado de incomodidad, ya que requiere que las personas confronten sus debilidades, puntos ciegos, errores y áreas que necesitan mejorar.

"La autoevaluación a menudo implica un grado de incomodidad, ya que requiere que las personas confronten sus debilidades".

El miedo a enfrentarse a estas verdades puede ser intimidante, lo que lleva a la resistencia. Además, la autoevaluación puede desafiar el ego y la autoestima. Para algunas personas, admitir defectos personales es como un ataque a la autoestima, lo que desencadena una actitud defensiva y un deseo de proteger el autoconcepto, aun cuando no fuera justificable.

La disonancia cognitiva o "*ruido mental*" que surge cuando la autoevaluación revela inconsistencias entre la autoimagen y el comportamiento real puede ser mental y emocionalmente intenso. Muchas personas a menudo se resisten los procesos de autoevaluación debido a que desean evitar la incomodidad de resolver esta disonancia.

La comparación social es otro factor que juega en contra de la autoevaluación. Existe una tendencia en nosotros en medir nuestra autoestima en comparación con los demás. Si nuestra autoevaluación no está a la altura de ciertos estándares sociales y culturales, puede resultar bien desmotivador y automáticamente generará resistencia.

Además, la autoevaluación puede verse obstaculizada por la falta de autoconciencia. Es posible que algunas personas no posean las habilidades de autorreflexión necesarias para identificar sus comportamientos y limitaciones.

Los mecanismos de defensa, como la negación y la racionalización, a menudo entran en juego cuando los hallazgos de la autoevaluación desafían la autoimagen, lo que contribuye aún más a la resistencia.

Las amenazas percibidas a la propia identidad o zona de "*comodidad*", la falta de tiempo y energía, y la preocupación por el juicio o el estigma también desempeñan un papel en la resistencia a la autoevaluación. Superar estos factores de resistencia a menudo implica desarrollar la autoconciencia gradualmente, buscar apoyo y retroalimentación de fuentes confiables y replantear la autoevaluación como un proceso positivo y empoderador para el crecimiento y desarrollo personal.

Conocimiento de Todas Mis Áreas

Debido a que somos seres complejos, tenemos múltiples áreas que podemos desarrollar en nuestras vidas. Por lo general, las áreas más fáciles de identificar son los comportamientos porque son visibles o detectables, pero tenemos otras áreas que también son importantes a tener en cuenta a la hora de maximizar. Para este libro, me gustaría destacar las siguientes 5 áreas:

Área #1: Crecimiento Personal y Oportunidades

Sé honesto contigo mismo con respecto a las oportunidades actuales y futuras de crecimiento y avance personal. Una autoevaluación puede proporcionarte una nueva perspectiva de hacia dónde quieres ir y dónde tu personalidad, habilidades, conocimiento y dones dados por Dios serían más útiles. El peligro de no tener una evaluación de crecimiento y oportunidades es caer en la trampa de la conformidad.

"El peligro de no tener una evaluación de crecimiento y oportunidades es caer en la trampa de la conformidad".

Cuando digo *"caer en la trampa de la conformidad"* me refiero al acto de rendirse a las presiones del contexto o del grupo para adoptar creencias, comportamientos o normas populares, aun cuando no estén alineadas con los valores o principios personales. Rendirse al contexto puede significar renunciar a los pensamientos, voz, elecciones o acciones auténticas.

El conformismo siempre limitará tu creatividad, pensamiento crítico y crecimiento personal, y te llevará a evitar conflictos para encajar en lugar de desafiar el "*status quo*". De nuevo, es el escenario de la pecera del que hablamos antes.

Área #2: Fortalezas y Debilidades

Los líderes necesitan evaluar sus fortalezas y debilidades por una multitud de razones cruciales. En primer lugar, la autoevaluación fomenta la autoconciencia, lo que nos permite comprender nuestras capacidades y limitaciones. Esta conciencia es la piedra angular de un liderazgo efectivo, ya que nos permite aprovechar nuestras fortalezas y evitar posibles retrasos. Además, ayuda en la toma de decisiones estratégicas al ayudarnos a alinear nuestras habilidades con tareas específicas y delegar responsabilidades donde otros pueden sobresalir.

El crecimiento personal es otro resultado vital. Reconocer las debilidades brinda una oportunidad para la mejora continua, beneficiándonos no solo a nosotros, sino también a las personas que nos rodean, como familiares, amigos y compañeros de trabajo. Dentro del contexto empresarial, se ha demostrado que los líderes conscientes de sí mismos pueden construir equipos más completos al comprender las fortalezas y debilidades de los miembros de su equipo. Esto, a su vez, contribuye a la resolución efectiva de conflictos, la comunicación clara y los estilos de liderazgo adaptables.

"Los líderes que reconocen sus fortalezas y debilidades, pueden ofrecer una mejor mentoría".

Finalmente, los líderes que reconocen sus fortalezas y debilidades, pueden ofrecer una mejor mentoría, trabajar hacia el éxito a largo plazo y ganar confianza y credibilidad ante los demás. Como líder, debes ser claro contigo mismo y con los demás en los casos en los que estás limitado o débil para que puedas agregar personas a tu equipo que te complementen a ti y a tu trabajo con sus fortalezas.

Área #3: Valores y Ética

La evaluación de los valores personales y la ética implica un examen introspectivo profundo de las creencias, principios y normas morales fundamentales. Es un proceso de autorreflexión para comprender qué es lo más importante para un individuo y cómo define lo que está bien y lo que está mal dentro de diversas situaciones. Este autoexamen es importante para alinear las acciones de una persona con sus estándares éticos y garantizar que su comportamiento sea coherente con sus creencias y valores más profundos.

Por ejemplo, una persona puede valorar la honestidad como una creencia fundamental. Al evaluar sus valores personales y su ética, podrían reflexionar sobre situaciones en las que se sintieron tentados a ser deshonestos u ocultar la verdad. Al examinar estos casos, pueden obtener información sobre si su comportamiento se alinea con su valor de honestidad. Si encuentran casos de deshonestidad, puede impulsarlos a esforzarse por ser más sinceros en sus interacciones con los demás. Otro individuo puede tener un gran valor por la empatía. Durante la autoevaluación, podrían considerar con qué frecuencia se han tomado el tiempo para comprender y relacionarse con los sentimientos y experiencias de los demás. Si descubren que no han sido todo lo empáticos que les gustaría, esta evaluación puede motivarles a estar más atentos a las emociones y necesidades de quienes les rodean.

"La evaluación de los valores personales y la ética es un proceso continuo de autoexamen que ayuda a las personas a asegurarse de que sus acciones y decisiones están en armonía con sus creencias profundas".

En esencia, la evaluación de los valores personales y la ética es un proceso continuo de autoexámen que ayuda a las personas a asegurarse de que sus acciones y decisiones están en armonía con sus creencias profundas. La finalidad de este proceso es tomar decisiones más éticas en nuestra vida, tanto en el ámbito personal, como en el profesional. Cuando tomamos decisiones con este nuevo nivel de consciencia, las personas son percibidas con mayor integridad y con un alto sentido de coherencia moral.

A medida que continuamos creciendo y madurando como personas y líderes, a la misma vez nuestras creencias van cambiando y evolucionando. Esto implica que tendremos que alinear continuamente nuestros valores y prácticas ética con lo que somos y en quienes nos estamos convirtiendo.

Área #4: Proceso de Retroalimentación

¿Eres receptivo a los comentarios de otros? ¿Compartes tus comentarios con los demás de manera justa y oportuna? La retroalimentación implica buscar, recibir y analizar activamente la opinión de otros, como familiares, amigos y colegas, para obtener información sobre nuestro desempeño, comportamiento y áreas de mejora. ¿Recuerdas al chico que llamó a la señora? Es exactamente lo que esto significa.

Tal vez este sea uno de los procesos de evaluación más difíciles porque este proceso requiere una voluntad de estar abierto a la crítica constructiva y un compromiso con el crecimiento y desarrollo personal. En un contexto personal, alguien puede buscar comentarios de amigos o familiares sobre sus habilidades de gestión del tiempo. Si la retroalimentación sugiere que a menudo priorizan las tareas menos importantes sobre las responsabilidades más críticas, esta información puede motivarlos a reevaluar su enfoque y priorizar su tiempo de manera más efectiva.

Recuerdo que en un momento tuve algunos problemas de depresión y ansiedad y eso me afectaba no solo a mí, sino también a los que me rodeaban, especialmente a mi cónyuge. Después de darnos cuenta de que no íbamos a poder solucionar estos problemas por nuestra cuenta, buscamos consejería individual y de pareja. Al principio, no quería aceptar que necesitaba ayuda, no solo porque desafiaba mi supuesta hombría, sino también las creencias religiosas previas y la idea de que la consejería era solo para personas débiles.

Hoy puedo decir que estoy muy contento de haberme sometido finalmente al proceso y haber recibido la ayuda que necesitaba. He visto a varios consejeros desde esta primera vez en diferentes momentos de mi vida, y he obtenido sanidad, claridad para mí mismo y un crecimiento que no habría sido posible de otra manera. La retroalimentación que recibí de consejeros que eran objetivos y no estaban en mi situación, me permitieron ver lo que necesitaba cambiar en mi vida y, como resultado, ha sido una gran bendición para mí, mi matrimonio y mi vida profesional.

Área #5: Vida Espiritual

En una nota más personal, quiero incluir aquí lo importante que es evaluar continuamente nuestra vida espiritual. Este proceso implica un examen profundo e introspectivo de nuestra relación con Dios, nuestra fe y cuán alineadas están nuestras creencias y acciones con las Escrituras. Me gusta cómo el apóstol Pablo escribió en 2 Corintios 13:5 (NTV): *"Examínense para saber si su fe es genuina. Pruébense a sí mismos. Sin duda saben que Jesucristo está entre ustedes; de no ser así, ustedes han reprobado el examen de la fe genuina".*

"Examínense para saber si su fe es genuina. Pruébense a sí mismos. Sin duda saben que Jesucristo está entre ustedes; de no ser así, ustedes han reprobado el examen de la fe genuina".

Entonces, ¿cómo puedo hacer esto? Hay algunas maneras, pero principalmente leyendo y meditando en el texto sagrado, a través de nuestra vida de oración y adoración, y teniendo un compañero de rendición de cuentas o mentor espiritual (revise el capítulo de Mentoría para detalles sobre mi relación con el Pastor Perkins).

Necesitamos preguntarnos diariamente: *"¿Estoy pasando tiempo de calidad en oración y buscando una conexión personal con Dios?"* o *"¿Estoy confiando en Dios para que me guíe y me fortalezca en mi vida diaria?"* Otro aspecto de la evaluación de la vida espiritual de una persona podría implicar examinar las acciones teniendo en cuenta los valores basados en la fe, como el amor, la compasión, el perdón y el servicio a los demás. Todo esto nos permitirá una conexión más profunda con Dios y un sentido más fuerte de propósito y satisfacción.

En este capítulo, hemos explorado a fondo los procesos de autoevaluación, enfatizando su importancia en el camino hacia el crecimiento personal y profesional. Hemos entendido que la autoevaluación es una herramienta valiosa que nos permite comprender nuestras fortalezas y debilidades, lo que nos permite tomar decisiones más informadas y efectivas. Sin embargo, también hemos identificado barreras comunes que nos impiden participar en este proceso, como el miedo a enfrentarnos a nuestras limitaciones o la resistencia al cambio.

También, hemos destacado las oportunidades que nos brinda la autoevaluación. Estas oportunidades incluyen el potencial de mejorar nuestras habilidades, relaciones y calidad de vida. Al abordar estas barreras con determinación y adoptar constantemente la autoevaluación, podemos desbloquear nuestro potencial y progresar hacia una versión más auténtica y satisfactoria de nosotros mismos. La autoevaluación es un viaje continuo y, al aceptar sus desafíos y recompensas, estamos un paso más cerca de liberar todo nuestro potencial.

¡Maximizando!

Ahora ha llegado la oportunidad de aplicar lo que estás aprendiendo a tu vida personal y profesional. Me gustaría que te tomaras unos minutos y respondieras a las siguientes preguntas de la manera más honesta posible:

1. ¿Qué significa para ti la autoconciencia?
2. ¿Cómo describirías tu estado actual? (¿Dónde estás en la vida en este momento?) ¿Sabes a donde quieres llegar?
3. ¿Qué valores y principios guían sus decisiones y acciones?
4. ¿Qué comentarios has recibido de otras personas sobre tu estilo de comunicación y su impacto?
5. ¿Qué aspectos de tu personalidad aprecias más y cuáles te resultan desafiantes?

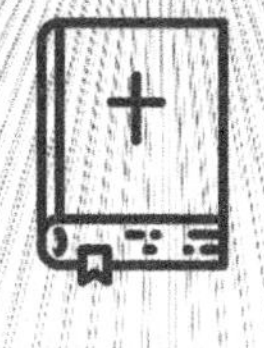

LLAVE 10

FE AUDAZ

"La fe es dar el primer paso, aun cuando no se pueda ver toda la escalera". (Rev. Dr. Martin Luther King Jr.)

El pasaje de la Biblia que te compartiré a continuación es uno de mis favoritos. Habla de la fe, la confianza, la corrección y la creencia en experimentar manifestaciones sobrenaturales en la vida de uno:

"Confía en el Señor con todo tu corazón; no dependas de tu propio entendimiento. Busca su voluntad en todo lo que hagas, y él te mostrará cuál camino tomar. No te dejes impresionar por tu propia sabiduría. En cambio, teme al Señor y aléjate del mal. Entonces dará salud a tu cuerpo y fortaleza a tus huesos. Honra al Señor con tus riquezas y con lo mejor de todo lo que produces. Entonces él llenará tus graneros, y tus tinajas se desbordarán de buen vino. Hijo mío, no rechaces la disciplina del Señor ni te enojes cuando te corrige. Pues el Señor corrige a los que ama, tal como un padre corrige al hijo que es su deleite". (Proverbios 3:5-12, NTV)

Sin Dios, no estaría en el lugar en el que estoy hoy. Jesucristo me rescató de la adicción a las drogas, me protegió de una muerte prematura a través de dos accidentes automovilísticos graves y constantemente me abrió nuevas oportunidades en la vida. Sin embargo, antes de entrar en más detalles, permítanme compartir primero cómo comenzó mi viaje de fe.

Mi difunta abuela, Lourdes Méndez, me crio en el Evangelio. Asistíamos religiosamente a los servicios nocturnos de la iglesia todos los martes, jueves y viernes, además de los domingos que teníamos dos reuniones: la escuela dominical en la mañana y el culto en la noche. ¡Sí, estábamos en la iglesia todo el tiempo! Independientemente de todas las circunstancias, como tener escuela al día siguiente, tormentas de nieve, enfermedades o cualquier otro obstáculo, llegábamos al edificio físico de la iglesia. En estos tiempos no había opción de Zoom o servicios en línea.

Debo decir que los momentos de transportación a la iglesia fueron una aventura en sí misma. Para aquellos de ustedes que han experimentado estar en la "*guagua de la iglesia*" o han tenido la responsabilidad de conducirla (¡Dios bendiga su paciencia!), pueden entender perfectamente lo que estoy describiendo. La "*guagua*" era un servicio que la iglesia ofrecía para aquellos que no tenían carro propio o no podían usar el sistema de transporte público por alguna razón. Allí dentro podías vivir desde animadas discusiones entre compañeros de viaje, esperar a la gente retrasada con paciencia o frustración hasta niños llorando y personas diciéndole al conductor cómo conducir. Lo vi todo. Fue nada menos que una aventura.

"Si bien frecuentaba la iglesia mientras crecía, era más por la práctica religiosa de mi abuela que por mis ganas".

Si bien frecuentaba la iglesia mientras crecía, era más por la práctica religiosa de mi abuela que por mis ganas. No me malinterpreten, aprendí mucho de la escuela dominical, y el sentido de comunidad dentro de una iglesia latina es realmente notable. Es un lugar donde haces conexiones y amistades significativas. Sin embargo, en términos de mi fe, no había echado raíces profundas; Era más bien un pasatiempo o un medio de interacción social. Yo también era bastante joven en ese momento, y mi madurez espiritual no se había desarrollado por completo.

No fue hasta que serví en los Marines de los Estados Unidos (United States Marines) que tuve mi primer encuentro profundo con Jesús. Antes de este momento crucial, lo que tenía era esencialmente la religión de mi abuela, y no algo que pudiera llamar mío. No me estoy quejando ni diciendo que fue malo, ya que esta experiencia fue lo que plantó las semillas que más tarde crecerían y florecerían en mi vida adulta. Estoy inmensamente agradecida a mi abuela y a su generación por sembrar esas poderosas semillas en nosotros.

Tal vez te sientas identificado con esta experiencia. Tal vez has estado siguiendo una fe o religión en particular, porque es la forma en que creciste. No estoy criticando a otras religiones; Simplemente estoy compartiendo mis experiencias de la vida real con Dios y animándote a considerar invitar a Dios a tu vida si aún no lo has hecho.

Si es así, te insto a que invites a Jesús a lo más íntimo de tu vida, para que puedas llevar una vida llena de victoria y propósito, realizando plenamente el llamado y el potencial que Dios te ha dado.

"Te insto a que invites a Jesús a lo más íntimo de tu vida, para que puedas llevar una vida llena de victoria y propósito, realizando plenamente el llamado y el potencial que Dios te ha dado".

No hay nada más significativo que caminar junto a Aquel que nos creó y tener una conexión profunda con Jesús. Me he dado cuenta de que mi vida carece de significado y propósito, a menos que lo divino guíe mi camino. Como dicen las Escrituras en Marcos 8:34-38 (NTV):

"Entonces llamó a la multitud para que se uniera a los discípulos, y dijo: «Si alguno de ustedes quiere ser mi seguidor, tiene que abandonar su propia manera de vivir, tomar su cruz y seguirme. Si tratas de aferrarte a la vida, la perderás; pero si entregas tu vida por mi causa y por causa de la Buena Noticia, la salvarás. ¿Y qué beneficio obtienes si ganas el mundo entero, pero pierdes tu propia alma? ¿Hay algo que valga más que tu alma? Si alguien se avergüenza de mí y de mi mensaje en estos días de adulterio y de pecado, el Hijo del Hombre se avergonzará de esa persona cuando regrese en la gloria de su Padre con sus santos ángeles".

¡Esta es la esencia de este libro! Si insistimos en seguir nuestro camino, el fracaso es inevitable. No solo fracasaremos, sino que lo haremos miserablemente. Nos encontraremos atrapados en un ciclo de fracaso, y lo digo desde mi experiencia personal, como lo compartí en el capítulo sobre el fracaso. La estrategia para una vida exitosa, sin embargo, implica alcanzar los límites de nuestras capacidades y entregarnos completamente a Jesús y al plan de Dios para nuestras vidas. Solo entonces podremos alcanzar la satisfacción, la felicidad y la paz genuinas. ¡Créeme! No te decepcionará.

"La estrategia para una vida exitosa, sin embargo, implica alcanzar los límites de nuestras capacidades y entregarnos completamente a Jesús y al plan de Dios para nuestras vidas. Solo entonces podremos alcanzar la satisfacción, la felicidad y la paz genuinas".

Si estás preparado para dar este paso significativo, ¿por qué no haces una pausa por un momento ahora mismo e invitas a Jesús a tu vida? Si ya lo has hecho, reafirma la presencia de Jesús en ti expresando que Dios es todo lo que te importa. Invita al Espíritu Santo a tomar el control y guiar tu vida. Si has seguido estos pasos, ¡enhorabuena! Este es solo el comienzo de una vida más plena e impulsada por un propósito. No significa necesariamente que adquirirás una casa o un auto nuevo, pero significa que has alineado tu vida con Dios. Como dice Mateo 6:33 (NTV): "*Busquen el reino de Dios por encima de todo lo demás y lleven una vida justa, y él les dará todo lo que necesiten*".

Realmente, creo en este principio. No es todo lo que deseas, sino todo lo que necesitas. También vale la pena mencionar que las Escrituras nos aconsejan *"buscar el reino de Dios sobre todas las cosas"* o ponerlo en primer lugar, pero note que no dice *"solo"*. En otras palabras, significa que ahora tienes tus prioridades en su lugar. Algunas personas piensan erróneamente que invitar a Dios a sus vidas significa que no pueden tener otros intereses o que Dios los privará de sus pasatiempos. ¡Eso simplemente no es cierto! Significa que a través del Espíritu Santo, Dios te guiará hacia una vida más próspera y plena. Lo sé por mi propia experiencia.

Ahora, volvamos a mi primer encuentro con Jesús. En 2001, después de servir en el Cuerpo de Marines de los Estados Unidos durante un par de años, estaba destinado en Twentynine Palms, California. Recuerdo un día de trabajo típico en el área de estacionamiento de vehículos militares cuando recibimos una llamada de voluntarios para ayudar en el centro de reciclaje de la base. Ansioso por escapar de la rutina habitual del estacionamiento, levanté la mano para unirme al grupo que se dirigía al centro de reciclaje. Poco sabía que Dios tenía diferentes planes reservados para mí.

En el centro de reciclaje, nos asignaron a grupos con tareas específicas para todo el día. Me asignaron al grupo responsable de clasificar los artículos que pasaban por la correa transportadora, decidiendo qué se podía reciclar y qué había que tirar a la basura. Al rato, me di cuenta que un libro nuevo se acercaba por la correa y me pareció extraño que nadie lo hubiera reclamado para su reciclaje. Cuando estuvo a mi alcance, decidí tomarlo, y resultó ser el libro titulado *"Dejados Atrás" (Del título original en el inglés Left Behind).* A pesar de que no apruebo robar, por alguna razón inexplicable, me moví a tomar este libro. (Se que suena extraño, por favor no me juzguen).

Tan pronto como regresé a mi cuarto, abrí el libro y no podía dejar de leerlo. Me encontré sumergido en sus páginas. Sorprendentemente, logré terminar todo el libro de más de 500 páginas en solo un par de días, lo que parecía bastante sorprendente. Lo que me atrajo del libro fue su discusión sobre las personas que fueron dejadas en la Tierra durante el regreso de Jesucristo, comúnmente conocido como *"El Rapto".* Los que se quedaron atrás fueron retratados como aquellos que no habían hecho el bien, que vivían con maldad y que odiaban a Dios. Recuerdo que pensé: *"¡Dios mío, ese soy yo!"*

No estoy buscando promover la serie *"Dejados Atrás" o* cualquier doctrina teológica o escatología. Solo quiero transmitir que Dios usó este sencillo libro para captar mi atención, algo que espero que este libro también haga por ti. No abogo por ninguna forma específica de cristianismo o denominación, sino por Aquel que vive por los siglos de los siglos y vino a darnos una vida abundante.

"No estoy abogando por ninguna forma específica de cristianismo o denominación, sino por Aquel que vive por los siglos de los siglos y vino a darnos una vida abundante".

Recuerdo que caí de rodillas, con lágrimas corriendo por mi rostro, mientras le suplicaba a Dios que me perdonara y entrara en mi vida. No quería quedarme en la tierra o ir al infierno. Estaba realmente aterrorizado. Este libro despertó recuerdos de los apasionados sermones e historias que escuché mientras crecía en la iglesia. No estoy del todo seguro de por qué Dios escogió este libro. Quizás el Señor reconoció que necesitaba un buen susto para regresarme al camino correcto o reconectarme con mis raíces del cristianismo con la que crecí. Sin embargo, lo que realmente importa es que Dios sabía exactamente lo que yo necesitaba en ese momento, así como Dios sabe lo que necesitas mientras lees este libro.

Mientras permanecía de rodillas y llorando arrepentidamente, le supliqué a Dios que me revelara la verdadera intimidad con Jesús. Anhelaba pasar de los rituales religiosos a una relación genuina con Dios. Hasta ese momento, la idea de una relación con Dios era ajena a mí. En términos más simples, no deseaba meras rutinas o tradiciones religiosas. Quería experimentar la fe verdadera y viva. Entendí que si volvía a mi antigua rutina religiosa, esta transformación no duraría y volvería a mi estado de miseria y desesperanza. Sorprendentemente, Dios concedió mi petición.

"No deseaba meras rutinas o tradiciones religiosas. Quería experimentar la fe verdadera y viva".

Puede que te resulte difícil de creer, pero cuando le abrí mi corazón a Dios en el suelo, llamaron a mi puerta. Me pregunté: *"¿Quién podría ser? ¿Podría ser Jesús en carne propia?"* No, no era Jesús, sino dos individuos que reconocí. Era el Ministro Williams, un capellán de la Marina, y otro Marine de mi grupo de trabajo. Me preguntaron: *"Hola Rios, ¿cómo estás?", y* después de secarme las lágrimas, respondí: *"Bastante bien. ¿Qué ocurre?"* Para mi asombro, me explicaron: *"Vamos de puerta en puerta para ver si alguien quiere ir con nosotros a la iglesia este fin de semana".* No lo podía creer. Estaba pensando: *"¿Esto será real?"* Acepté con entusiasmo su invitación para asistir a la iglesia con ellos ese fin de semana.

Puedo afirmar que durante ese fin de semana, mi vida dio otro giro de la religión a la relación con Dios. Al final, fue Jesús quien llamó a mi puerta, en la forma de dos hermanos afroamericanos que fueron guiados divinamente a pasar por nuestro edificio en busca de cualquier persona interesada en asistir a la iglesia ese fin de semana. Permítanme gritar *"¡Aleluya!"* Tú también puedes hacerlo si quieres.

El Viaje Continúa...

Cuando me uní a una iglesia en Palm Springs, California, me invadió un sentido de renovación y comunidad. Me sentí agradecido de tener una hermandad que me apoyaba, lo que me brindó la oportunidad de nutrir mi fe. Mi viaje espiritual estuvo marcado por el descubrimiento continuo sobre Dios y la fe, lo que me motivó a seguir profundizando. Esto duró unos meses y luego sucedieron un par de cosas.

Primero, durante un sermón dominical, el pastor habló apasionadamente acerca de ser lleno del Espíritu Santo. Si bien este concepto no era desconocido para mí, ya que crecí en una iglesia pentecostal, pero nunca había experimentado lo que ellos llamaban el *"Bautismo del Espíritu Santo"*. No podía recordar una experiencia así, y había oído que era inolvidable.

Después del sermón, el pastor invitó a los hermanos al frente para un llamado al altar, una práctica habitual en estas iglesias. Este llamado en particular era para aquellos que buscaban ser llenos del Espíritu de Dios. En este punto, necesito explicar que hay diferentes creencias cristianas sobre el Espíritu Santo.

Algunos sostienen que una vez que profesas fe en Jesús como tu salvador, recibes el Espíritu de Dios. Otros creen que la llenura del Espíritu es un proceso gradual. Algunos sostienen que debes invitar al Espíritu Santo a venir y bautizarte, mientras que otros creen que el Espíritu te sella cuando te conviertes en cristiano. Si bien estas creencias son diversas dentro del cristianismo, soy una persona que cree en la diversidad y la inclusión, y creo que Dios trabajará con nosotros dondequiera que estemos y con el conocimiento que tengamos. Así que, para mí, Dios usó una experiencia de bautismo del Espíritu Santo para encontrarse conmigo y mostrarme que si, es real.

"Dios trabajará con nosotros dondequiera que estemos y con el conocimiento que tengamos".

Recuerdo que ese día pasé al frente, convencido de mi necesidad de guianza del Espíritu Santo en este nuevo viaje. Mientras el pastor y otros líderes de la iglesia oraban por mí, le pedí a Dios que me llenara, me bautizara y me guiara. Declaré que mi vida pertenecía a

Dios y expresé mi gratitud en repetidas ocasiones. En ese momento, me encontré hablando en un idioma comúnmente conocido como "*lenguas*" en los círculos carismáticos o pentecostales, mientras saltaba de alegría. Sentí una estimulante sensación de libertad, al punto de que creí que estaba saltando tan alto que podría golpear el techo. Incluso traté de mantener la cabeza agachada mientras saltaba, aunque esto era físicamente imposible. Algunas personas mencionaron que me vieron saltar de alegría, pero notaron que mi cabeza estaba inclinada. Fue una experiencia única.

La unción palpable de Dios esa mañana impulsó al pastor a pedir a los diáconos que guiaran a aquellos de nosotros que habíamos pasado a otra habitación. Muchos de nosotros continuamos orando y llenándonos de gozo y asombro. Traté de detenerme, pero no pude evitar agradecer a Dios, derramar lágrimas y experimentar una sensación de libertad que nunca antes había sentido.

Reconozco que para aquellos que nunca han asistido a la iglesia o vienen de una tradición o religión cristiana diferente, esto puede sonar inusual o extremo. Es posible que algunos de ustedes incluso se asusten y quieran cerrar el libro, pero por favor no lo hagan. Te animo a que sigas leyendo e internalices lo que resuena contigo mientras dejas afuera lo que no. Creo firmemente que Dios encuentra a cada individuo en el lugar perfecto y emplea diversos medios para ayudarnos en nuestro viaje de vida, fe y liderazgo. Tu encuentro con lo divino puede ser similar al mío, o puede ser completamente diferente. No hace ninguna diferencia.

"Creo firmemente que Dios encuentra a cada individuo en el lugar perfecto y emplea diversos medios para ayudarnos en nuestro viaje de vida, fe y liderazgo".

El segundo aspecto transformador de mi tiempo en esta iglesia fue ser testigo de prácticas a las que no estaba acostumbrado en mis experiencias anteriores en la iglesia. Crecí en una iglesia dirigida por latinos donde los hombres usaban trajes formales y corbatas, mientras que las mujeres usaban exclusivamente faldas o vestidos, y se abstenían de usar pantalones, maquillaje y joyas. Recuerdo que todo se consideraba pecado y se nos exhortaba a abstenernos de las cosas mundanas. En esencia, era un ambiente muy conservador y fundamentalista, marcado por el control y la manipulación, y en retrospectiva, rayaba en el abuso. Sin embargo, este fue el contexto en el que me crie.

En un momento dado, ya no podía ignorar las diferencias en esta nueva iglesia, particularmente el enfoque más liberal con respecto a la vestimenta y las modas de las mujeres. Busqué una reunión con el pastor para discutir el conflicto que estaba experimentando. Cuando le transmití mis inquietudes, simplemente sonrió y dijo: *"Hermano, le proporcionaré una nueva Biblia y le recomendaré que lea comenzando con el Nuevo Testamento, para discernir la guía de Dios"*. Luego, me dio una Biblia NVI de color verde azulado y, honestamente, me sentí muy decepcionado y me pregunté qué debía hacer a continuación.

Mi reacción inicial fue: *"¡Se acabó! ¡Nunca volveré a esta iglesia!"*, convencido de que el pastor no sabía lo que hacía. Esta reacción ocurrió después de solo unos meses de asistir a la iglesia, lo que refleja que todavía era muy crítico y religioso.

Cuando regresé a mi habitación en la base, todo lo que pude hacer fue reproducir nuestra conversación en mi mente repetidamente. De alguna manera, me encontré abriendo la Biblia en el libro de Mateo y revisando los Evangelios. Eventualmente, llegué al Libro de los Hechos y mientras lo leía, recuerdo haber sido cautivado por la iglesia primitiva y su extraordinario viaje, superando varios desafíos. Me impresionó especialmente el relato del *"Día de Pentecostés"* y cómo el Espíritu Santo había descendido sobre la iglesia, una experiencia que resonó con mi reciente encuentro con Dios.

La Esencia de la Fe Audaz en Dios

Ese fue mi comienzo en la fe cristiana, y más que una práctica o religión, fue el inicio de mi relación íntima con un Dios vivo. Como mencioné, no estoy defendiendo ni atacando un modelo específico de iglesia. Simplemente, estoy explicando cómo me pasó a mí. Creo que lo más importante en este momento es mostrar cómo tener una fe audaz en Dios puede liberar tu mayor potencial. Cómo la presencia de Dios en ti puede maximizar tu vida a niveles que nunca soñaste.

"Tener una fe audaz en Dios puede liberar tu mayor potencial".

La fe audaz en Dios es un viaje profundo y transformador que requiere un conjunto único de requisitos previos. Trasciende los límites de la lógica humana y abraza lo sobrenatural con una confianza profunda. En el corazón de la fe audaz se encuentra una creencia llena de convicción por lo invisible, aquello que ya existe en el plano de la eternidad. Tiene sus raíces en Hebreos 11:1 (NTV), que dice: *"La fe demuestra la realidad de lo que esperamos; es la evidencia de las cosas que no podemos ver"*. La fe audaz no está limitada por lo que es visible y tangible, sino que prospera en el ámbito de lo divino y las promesas de Dios. Es una confianza inquebrantable en el carácter y la Palabra de Dios.

Las Escrituras ofrecen un amplio apoyo para la fe audaz. En Mateo 17:20, Jesús nos dice que una fe tan pequeña como un grano de mostaza puede mover montañas, enfatizando en su increíble potencial. En Marcos 11:22-24, Él destaca el poder de la fe en mover obstáculos, siempre que sea inquebrantable y libre de dudas. Hebreos 11, conocido como el *"Salón de la Fama de la Fe"*, muestra a las personas que lograron hazañas notables a través de su fe audaz, a pesar de las probabilidades aparentemente imposibles.

Entonces, ¿por qué hablar de fe audaz en un libro de crecimiento personal/liderazgo? Bueno, déjame decirte que los beneficios de tener una fe activa y audaz son muchos. En primer lugar, otorga paz y seguridad. Como Jesús prometió en Juan 14:27: *"Les dejo un regalo: paz en la mente y en el corazón"*. Esta paz es el resultado directo de confiar en la soberanía de Dios y en el control final sobre todas las cosas. La fe audaz también abre la puerta a los milagros y a los encuentros sobrenaturales.

En Mateo 9:29, vemos a Jesús sanando a dos ciegos, afirmando: *"Debido a su fe, así se hará"*. El cumplimiento de las promesas de Dios es otro beneficio de la fe audaz, como lo demuestran los héroes de la fe en Hebreos 11. Además, la fe audaz impulsa el crecimiento espiritual al desafiar las dudas y los temores, fomentando una relación más profunda con Dios.

Si bien la fe audaz ofrece beneficios increíbles, no está exenta de desafíos. La inclinación humana hacia la racionalidad y la exigencia de explicaciones lógicas a menudo chocan con el concepto de fe audaz. No es fácil confiar en algo que está más allá de la comprensión humana, una paradoja abordada en Isaías 55:8-9, donde Dios declara: *"Mis pensamientos no se parecen en nada a sus pensamientos, dice el Señor, y mis caminos están muy por encima de lo que pudieran imaginarse"*.

El temor y la duda pueden debilitar tu fe audaz, especialmente cuando te enfrentas a la adversidad o la incertidumbre. Las normas culturales y las presiones sociales a menudo favorecen la evidencia tangible sobre la confianza audaz de la fe en lo invisible y lo sobrenatural.

Por último, la guerra espiritual juega un papel importante en socavar la fe audaz, como se menciona en Efesios 6:16, donde dice que *"Además de todo eso, levanten el escudo de la fe para detener las flechas encendidas del diablo"*.

En conclusión, el camino de cultivar una fe audaz en Dios está intrínsecamente ligado a nuestra capacidad de maximizar nuestro potencial. La fe audaz nos obliga a ir más allá de los límites del razonamiento humano, a creer en lo sobrenatural y a confiar en lo invisible. En este extraordinario viaje, descubrimos que nuestro potencial no está definido por nuestra fuerza o comprensión humana, sino que, de hecho, está maximizado por el poder ilimitado de Dios.

A medida que exploramos las profundidades de la fe audaz, descubrimos nuestro verdadero potencial, liberándonos de las limitaciones de la duda y el miedo. Los héroes de la fe en Hebreos 11 lograron hazañas extraordinarias no por sus habilidades inherentes, sino porque se atrevieron a creer en las promesas de Dios. Del mismo modo, cuando abrazamos una fe audaz, abrimos las puertas a territorios inexplorados, donde nuestras habilidades son maximizadas por lo divino.

Maximizar nuestro potencial a través de una fe audaz significa vivir una vida que no tenga miedo de enfrentar desafíos, que sea inquebrantable frente a la adversidad y que esté dispuesta a perseguir lo imposible. Espero que con esta comprensión, te embarques en tu viaje de fe audaz y experimentes la profunda transformación que puede traer Dios a tu vida.

Al abrazar una fe audaz, no solo descubrirás tu verdadero potencial, sino que también darás rienda suelta a la vida extraordinaria, satisfactoria e impulsada por el propósito que Dios quiere para cada uno de nosotros.

¡Maximizando!

Ahora ha llegado la oportunidad de aplicar lo que estás aprendiendo a tu vida personal y profesional. Me gustaría que te tomaras unos minutos y respondieras a las siguientes preguntas de la manera más honesta posible:

1. ¿Qué significa para usted la fe audaz y qué papel ha desempeñado en su vida hasta ahora?

2. ¿Qué temores o dudas le han impedido abrazar plenamente la fe audaz en el pasado?

3. ¿Cómo te imaginas tu vida si abrazaras plenamente el potencial que Dios te ha dado? ¿Cómo sería?

4. ¿Qué pasos puedes dar para profundizar tu relación con Dios y fortalecer tu fe en Su guía y apoyo?

5. ¿Hay modelos a seguir o mentores que ejemplifiquen la combinación de una fe audaz y la realización del potencial que Dios le ha dado?

LLAVE 11

DISCIPLINA

"Todos debemos sufrir una de dos cosas: el dolor de la disciplina o el dolor del remordimiento y la decepción". (Jim Rohn)

Nuestra undécima llave se centra en la disciplina. Algunas personas pueden vincular este término con negatividad, dificultades o incluso el castigo, pero en realidad, es todo lo contrario. Creo que vivir sin disciplina es como un castigo autoinfligido porque no podremos maximizar las oportunidades que nos presenta la vida. Estos conocimientos los adquirí a través de mis experiencias en los Marines. Hoy en día, estoy agradecido por ellos porque formaron en mí un elemento esencial que utilizo en casi todos los aspectos de mi vida.

"Creo que vivir sin disciplina es como un castigo autoinfligido porque no podremos maximizar las oportunidades que nos presenta la vida".

La disciplina juega un papel crucial en nuestra vida diaria, ya que proporciona la estructura y la autodisciplina necesarias para el desempeño personal. Según una investigación realizada por

Wilhelm Hoffman en 2013, se encontró que las personas con un fuerte autodisciplina tienden a experimentar una mayor felicidad en comparación con aquellas con menor nivel. Esto se atribuye al hecho de que los individuos que exhiben autodisciplina están mejor equipados para navegar situaciones que involucran conflictos.

Estas personas se involucran menos en comportamientos que podrían dañar su bienestar y son más hábiles para tomar decisiones constructivas. Las personas con alto autocontrol no permiten que sus decisiones sean movidas únicamente por impulsos o emociones. En cambio, constantemente toman decisiones racionales y bien informadas en su vida diaria sin experimentar un estrés excesivo o agitación emocional.

"Las personas con un fuerte autodisciplina tienden a experimentar una mayor felicidad en comparación con aquellas con menor nivel".

Otra razón de su importancia es que la disciplina nos ayuda a administrar nuestro tiempo de manera efectiva. Por ejemplo, cumplir con una rutina diaria o un horario nos permite asignar tiempo a diversas responsabilidades y actividades, lo que garantiza que cumplimos con las tareas de manera eficiente. Además, la disciplina fomenta la coherencia en nuestras acciones y decisiones. Esta consistencia es evidente en varios aspectos de la vida, como mantener un estilo de vida saludable a través del ejercicio regular o tomar decisiones financieras prudentes a través de la planificación, el ahorro, presupuestos y no viviendo por encima de nuestras posibilidades.

La disciplina también facilita el logro de metas. Sin la capacidad de mantenerse enfocado y ejercer autocontrol, es un desafío perseguir objetivos a largo plazo. Ya sea en lo académico, en el avance profesional o en el crecimiento personal, la disciplina garantiza que nos mantengamos comprometidos con nuestras metas, incluso cuando nos enfrentamos a obstáculos o distracciones.

Además, la disciplina cultiva buenos hábitos. Por ejemplo, las personas que mantienen un enfoque disciplinado de su salud tienden a desarrollar hábitos como comer bien y hacer ejercicio regularmente. Estos hábitos, a su vez, contribuyen a una vida más saludable y feliz.

En el contexto de las relaciones interpersonales, la disciplina ayuda a manejar los conflictos y a fomentar el respeto. Cuando ejercemos la autodisciplina, estamos mejor equipados para controlar nuestras emociones y reacciones, promoviendo interacciones más armoniosas con los demás.

La disciplina también es vital para la armonía social, ya que alienta a las personas a seguir reglas, leyes y estándares éticos. Por ejemplo, seguir las normas de tráfico garantiza la seguridad en las carreteras, lo que demuestra que la disciplina se extiende más allá del bienestar individual al bienestar de la comunidad en general.

Ser Más Disciplinado

De acuerdo con una variedad de estudios, los siguientes cinco enfoques han demostrado ser efectivos para mejorar nuestra autodisciplina:

1. Elimina las tentaciones / distracciones: Mejorar el autocontrol suele ser más sencillo cuando practicamos la conocida frase: "*fuera de la vista, fuera de la mente*". El paso inicial crítico para fortalecer su autodisciplina implica eliminar todas las fuentes de tentación y distracciones de su entorno. Si te esfuerzas por tener un mejor control sobre tus hábitos alimenticios, deshazte de la comida chatarra. Por ejemplo, ya no compro galletas o pasteles para la casa porque si están cerca, me los como todos. Solicite a su asistente de oficina que lo excluya de las listas de pedir almuerzo afuera. Para aumentar su concentración en el trabajo, apague su teléfono móvil y organice su escritorio. Si le resulta particularmente difícil, considere instalar alguna aplicación en su computadora para bloquear sitios web que distraen como Facebook, YouTube o correo electrónico durante un período de tiempo específico. Prepárate para el éxito eliminando las influencias negativas.

2. Mantenga hábitos alimenticios regulares y nutritivos: Las investigaciones han demostrado que un nivel bajo de azúcar en la sangre puede alterar el autocontrol de una persona. Cuando tienes hambre, tu capacidad de concentración se verá afectada porque tu cerebro no está funcionando a su máxima capacidad. El hambre hace que sea difícil mantenerte concentrado en tus tareas e incluso puede provocar irritabilidad y negatividad. Esto puede disminuir en gran medida tu autocontrol en varios aspectos, incluyendo la dieta, el ejercicio, el trabajo y las relaciones. Para mantener el rumbo, asegúrese de estar adecuadamente nutrido durante todo el día con refrigerios saludables y comidas regulares. Yo me aseguro de tener siempre algunas nueces mixtas con agua disponible. Estas pequeñas meriendas proporcionan una fuente de proteínas y grasas saludables cuando es necesario, estabilizando los niveles de azúcar en la sangre y mejorando las habilidades de toma de decisiones y la concentración. Deja que tu cerebro se concentre en tus objetivos y prioridades, no en tu estómago ruidoso.

3. No esperes a que "te sientas bien": Mejorar la autodisciplina implica alterar tu rutina habitual, lo que puede ser incómodo a veces. Charles Duhigg, autor de *"El poder del hábito"*, explica que los comportamientos habituales están vinculados a los ganglios basales del cerebro, asociados con emociones, patrones y recuerdos. Las decisiones, sin embargo, se originan en una región diferente del cerebro, la corteza prefrontal. Cuando un comportamiento se convierte en un hábito, dejamos de usar nuestras habilidades de toma de decisiones y funcionamos en piloto automático. Por lo tanto, romper un mal hábito para formar uno nuevo requiere una toma de decisiones activa e inicialmente se sentirá antinatural. Tu cerebro se resistirá al cambio intentando defender lo que está acostumbrado a hacer. ¿La solución? Acepta la incomodidad. Reconoce que tomará tiempo para que tu nueva rutina se sienta bien y natural. Sigue persistiendo, y eventualmente se convertirá en algo parte de ti.

4. Programa descansos, regalos y recompensas: Practicar la autodisciplina no significa tener un nuevo régimen completamente rígido, estricto o similar a un entrenamiento militar. De hecho, proporcionarse cierta flexibilidad a menudo conduce a resultados más exitosos, evitando fracasos, decepciones y recaídas en viejos hábitos. Mientras ejercitas el autocontrol, programa descansos, regalos y recompensas para ti. ¿Estás a dieta? Deja los sábados como el día para comerte un helado. ¿Quiere perder peso? Recompénsate con un buen masaje después de un mes de ir al gimnasio. ¿Está trabajando para controlar sus gastos? Permítete un regalo de $25 en el centro comercial un domingo (solo deja tus tarjetas de crédito en casa y lleva dinero en efectivo). La autodisciplina puede ser exigente, así que premia tus esfuerzos y sea amoroso contigo mismo.

5. Perdónate a ti mismo y sigue adelante: Implementar una nueva forma de pensar no siempre saldrá según lo planeado. Encontrarás éxitos y contratiempos. La clave está en seguir avanzando. Cuando te enfrentes a un contratiempo, reconoce la causa y sigue adelante o vuelve a empezar. Es fácil quedar atrapado en la culpa, la ira o la frustración, pero estas emociones no contribuirán a desarrollar una mejor autodisciplina. En su lugar, considera los contratiempos en tu plan como experiencias de aprendizaje valiosas para el futuro. Perdónate a ti mismo y vuelve rápidamente a la normalidad. Cuanto más tiempo te desvíes del rumbo, más difícil será mantener una dirección positiva.

Espiritualmente Disciplinados

Recientemente, tuve la oportunidad de predicar a los estudiantes de American University of the Caribbean, School of Medicine en San Martín. El título de mi mensaje fue *"Maximiza tu 2023: De vuelta a lo básico"*. En este sermón, hice hincapié en tres principios clave como parte de nuestros ejercicios espirituales diarios de autodisciplina para llevar una vida plena y alineada con la voluntad de Dios. Estos principios incluyen:

1. Dedica tiempo de calidad a tu relación con Dios.
2. Invierte tiempo de calidad en nutrir tus relaciones con los demás.
3. Cultivar la autoconciencia a través de la introspección y la autorreflexión.

A medida que trabajas para desarrollar todo tu potencial, comparto estos tres puntos con la creencia de que Dios puede usarlos para complementar las demás llaves que te he presentado a lo largo de este viaje. Ahora, permítanme explicarlos mejor.

Pasar Tiempo con Dios

Aunque podrá sonar anticuado, quiero enfatizar que lograr el éxito en la vida requiere colocar a Dios como la máxima prioridad. Esto no significa que tengas que volverte extremadamente religioso o descuidar otros aspectos de tu vida. Más bien, significa hacer de Dios el foco central de tu vida por encima de todo. Como se dice en Mateo 6:33: *"Busquen el reino de Dios por encima de todo lo demás, y lleven una vida justa, y él les dará todo lo que necesiten"*.

Recuerdo a un predicador que una vez hablo sobre este pasaje como el modelo para una vida piadosa y exitosa. Enfatizaron que buscar a Dios primero es crucial, pero no requiere excluir todas las demás actividades. En otras palabras, cuando priorizamos a Dios en nuestras vidas, también nos guiará para convertirnos en las personas que estamos destinados a ser.

"Pasar tiempo con Dios se puede lograr a través de tres métodos simples: la oración, la lectura de las Escrituras y el ayuno"

Volviendo a mi mensaje en AUC, pasar tiempo con Dios se puede lograr a través de tres métodos simples: la *oración, la lectura de las Escrituras y el ayuno.* Soy consciente de que estas prácticas pueden parecer demasiado *"simples"*, pero el subtítulo de mi mensaje fue *"De vuelta a lo básico"* por una razón. Al igual que los atletas profesionales que comienzan cada temporada con un período de entrenamiento básico para volver a desarrollar buenos hábitos para su deporte, nosotros también debemos revisar los fundamentos en nuestro camino de fe y vida.

Es fascinante que los atletas profesionales entrenen en su pretemporada para recuperar su mejor forma, ya que podrían haber perdido habilidad u olvidado los principios básicos de su deporte durante su periodo fuera de temporada. En otras palabras, si los atletas profesionales requieren pretemporada o entrenamiento básico para prepararse para su próxima temporada, ¿cuánto más necesitan los seguidores de Cristo enfocarse en lo esencial y básico de su caminar espiritual? Los atletas profesionales tienen el lujo de tener periodos de descanso entre temporadas, pero como discípulos, no tenemos ese descanso. No hay *"fuera de temporada"* para los líderes cristianos. No hay tiempo de inactividad para hacer el bien, mantener nuestra fe y pelear la buena batalla.

"No hay tiempo de inactividad para hacer el bien, mantener nuestra fe y pelear la buena batalla".

La vida puede ser desafiante y, a veces, podemos desviarnos del camino. Al igual que cuando usamos un GPS para navegar y ocasionalmente tomamos un giro equivocado, nuestro viaje espiritual también puede desviarse de su curso, lo que requiere un recálculo en el Espíritu. Por eso insto a que volvamos a lo básico. Para liberar todo tu potencial, es vital establecer disciplinas espirituales sólidas en tres áreas clave: *la oración, la lectura de las Escrituras y el ayuno.*

El apóstol Pablo nos inspiró a correr nuestra carrera con un propósito claro y estratégico. Sus palabras a la iglesia en Corinto fueron:

"¿No se dan cuenta de que en una carrera todos corren, pero solo una persona se lleva el premio? ¡Así que corran para ganar! Todos los atletas se entrenan con disciplina. Lo hacen para ganar un premio que se desvanecerá, pero nosotros lo hacemos por un premio eterno. Por eso yo corro cada paso con propósito. No solo doy golpes al aire.

Disciplino mi cuerpo como lo hace un atleta, lo entreno para que haga lo que debe hacer. De lo contrario, temo que, después de predicarles a otros, yo mismo quede descalificado". (1 Corintios 9:24-27)

Curiosamente, Pablo expresó que correr su carrera tenía un propósito claro. Nosotros también debemos enfocar nuestra vida hacia un propósito deliberado y estratégico. Así que, ¡apuntemos a la victoria maximizando todo nuestro potencial!

Dedicar tiempo a la oración con Dios tiene una importancia significativa en mi vida. Tengo un lindo recuerdo que ocurrió alrededor del 2009, cuando estaba sirviendo activamente como evangelista de tiempo completo a través de Grace -N- Christ Ministries y viviendo únicamente por fe. Durante este período, mi vida giró en torno a extensos viajes para hablar y predicar. En un momento dado, me encontré fuera de casa durante aproximadamente seis semanas, predicando por todos los Estados Unidos y en el Caribe de habla hispana. Fue una época muy emocionante, llena de fervor y dedicación. Sin embargo, a mi regreso a casa, experimenté un agotamiento extremo y dormí durante 48 horas seguidas.

Recuerdo que pensé: *"¿Qué me está pasando? ¿Por qué me siento tan cansado?* Arrodillado en oración en el pequeño sofá de mi casa, decidí abrir la Biblia y leerla dondequiera que se abriera, con la esperanza de que Dios me guiara. Necesitaba escuchar desesperadamente algo de parte de Dios. Para mi sorpresa, al abrir la Biblia Dios me habló a través de un pasaje que se encuentra en el Evangelio de Lucas capítulo 10 y los versos 38 al 42 (NTV):

"Durante el viaje a Jerusalén, Jesús y sus discípulos llegaron a cierta aldea donde una mujer llamada Marta los recibió en su casa. Su hermana María se sentó a los pies del Señor a escuchar sus enseñanzas, pero Marta estaba distraída con los preparativos para la gran cena. Entonces se acercó a Jesús y le dijo: Maestro, ¿no te parece injusto que mi hermana esté aquí sentada mientras yo hago todo el trabajo? Dile que venga a ayudarme. El Señor le dijo: Mi apreciada Marta, ¡estás preocupada y tan inquieta con todos los detalles! Hay una sola cosa por la que vale la pena preocuparse. María la ha descubierto, y nadie se la quitará".

Después de leer este pasaje de las Escrituras, recordé un mensaje que escuché de un predicador que mencionaba cómo Dios le preguntó: *"¿Te estoy usando a ti, o tú me estás usando a mí?"* ¡Vaya! Sentí como si la palabra de Dios me abofeteara. Creo que fue Dios quien me estaba haciendo la misma pregunta.

"Dios le preguntó: "¿Te estoy usando a ti, o tú me estás usando a mí?"

En esos momentos, disfrutaba genuinamente de predicar, viajar y dirigirme a grandes audiencias. Sin embargo, siendo completamente honesto, mis motivaciones no eran del todo puras. Mi enfoque estaba en construir mi plataforma y expandir mi influencia en el ministerio. Esto no era necesariamente malo, más había dejado de pasar tiempo con Dios, como enseña Mateo 6:33.

En el contexto del capítulo 10 de Lucas, Jesús fue un invitado en la casa de María y Marta. Marta estaba preocupada por preparar una comida, mientras María estaba sentada a los pies de Jesús, escuchando sus enseñanzas. Debo admitir que en esa etapa de mi vida, me parecía más a Marta que a María: *ocupado, ocupado, ocupado, haciendo mis cosas supuestamente para Dios, pero principalmente para mis propias ambiciones.* Desafortunadamente, esta es una situación común en el ministerio, cuando muchos creen que están trabajando para Dios, pero en realidad, están construyendo sus propios imperios.

"Es crucial dedicar tiempo intencionalmente a la oración y al estudio de las Escrituras".

Para maximizar nuestras vidas durante esta temporada, creo firmemente que tendremos que ser como María, eligiendo sentarnos a los pies de Jesús. Es crucial dedicar tiempo intencionalmente a la oración y al estudio de las Escrituras. No hay atajos, ni secretos ocultos. Esto es vital para tu crecimiento personal y espiritual como líder. Incluso Jesús reconoció que lo que María estaba ganando no podía quitárselo. Ella estaba donde tenía que estar y haciendo lo que tenía que hacer.

Interpreto esto como que por el tiempo que invirtamos en la oración íntima, el estudio de las Escrituras y el ayuno con Dios, nadie podrá quitarnos el crecimiento que produce y el gozo y el efecto espiritual que tiene sobre nuestras vidas. Por lo tanto, tenga la intención de pasar tiempo en oración.

Y dado que esto es *"volver a lo básico"*, permíteme mostrarte una forma simple en la que puedes orar. Es posible que ya estés familiarizado con la oración del "*Padre Nuestro*", pero para aquellos que no lo están, aquí está:

"Padre nuestro, que estás en el cielo, que sea siempre santo tu nombre. Que tu reino venga pronto. Que se cumpla tu voluntad en la tierra como se cumple en el cielo. Danos hoy el alimento que necesitamos, y perdónanos nuestros pecados, así como hemos perdonado a los que pecan contra nosotros. No permitas que cedamos ante la tentación, si no rescátanos del maligno. Amén".

Esta oración fue dada por Jesús a sus discípulos cuando le pidieron que les enseñara a orar. Por lo tanto, sirve como un excelente punto de partida para tu vida de oración. Cuando comienzas con *"Padre nuestro, que estás en el cielo, que sea siempre santo tu nombre"*, ¿qué te viene a la mente? Creo que Jesús nos estaba enseñando una manera de expresar reverencia y reconocimiento de Dios. En otras palabras, significa reconocer que Dios es lo primero en nuestras vidas.

En la siguiente parte de esta oración, *"Que tu reino venga pronto. Que se cumpla tu voluntad en la tierra como se cumple en el cielo"*, Jesús nos está instruyendo a invitar las cualidades celestiales de Dios a nuestra existencia terrenal. En otras palabras, cuando piensas en el cielo, ¿en qué piensas? Tal vez la paz, la rectitud y el amor. Pueden orar para que estas cualidades se manifiesten en la tierra. Para ejemplificar este punto, puedes orar así: *"Venga tu Reino, que se haga tu voluntad en la tierra como en el cielo, o Dios, suplicamos que tu Reino se manifieste en la tierra. Imploramos la paz en la tierra. Imploramos que tu amor, rectitud y justicia prevalezcan en la tierra".* ¿Ves a lo que me refiero?

Todo esto es solo mostrándote un modelo básico que puedes usar como punto de inicio para tu inspiración. Entonces, puedes comenzar orando el Padre Nuestro exactamente como está y luego vas modificando cada oración y la contextualizas a la realidad de lo que estás viviendo.

También puedes emplear un método similar cuando ores con otros pasajes de las Escrituras. Por ejemplo, puedes incorporar salmos u otros versículos de la Biblia. Inicialmente, puedes usar los versos de la Biblia como guía para tu oración, pero no te quedes ahí. Usa tus propias palabras, sé creativo y pídele al Espíritu Santo que te inspire con palabras personalizadas. A medida que te involucres en este ejercicio para tu disciplina espiritual, observarás que tu vida de oración florecerá, lo que te llevará a períodos más largos de oración. Eventualmente, es posible que incluso debas configurar una alarma para asegurarte de que no llegues tarde a las citas o al comienzo de tu día. No luches más. Comienza a orar y pasa tiempo de calidad en la presencia de Dios.

Lectura de las Escrituras

Conectarse con la Palabra de Dios es igualmente vital para liberar su máximo potencial. ¿Recuerdas la historia infantil de los Tres Cerditos? Es una fábula sobre tres cerditos que construyen casas con distintos materiales, y un lobo que intenta derribarlas.

Las dos primeras casas de cerdos, construidas con paja y palos, se rompieron con los soplidos del lobo, pero la tercera casa permaneció intacta porque estaba hecha de ladrillos. Jesús compartió una historia similar. Jesús dijo que los que escuchaban su palabra y la ponían en práctica eran como aquellas personas que construyen sus casas sobre tierra firme. Pero los que se limitan a escuchar sin hacer nada son como los que construyen sobre arena. Esta es la historia:

"Todo el que escucha mi enseñanza y la sigue es sabio, como la persona que construye su casa sobre una roca sólida. Aunque llueva a cántaros y suban las aguas de la inundación y los vientos golpeen contra esa casa, no se vendrá abajo porque está construida sobre un lecho de roca. Sin embargo, el que oye mi enseñanza y no la obedece es un necio, como la persona que construye su casa sobre la arena. Cuando vengan las lluvias y lleguen las inundaciones y los vientos golpeen contra esa casa, se derrumbará con un gran estruendo»". (Mateo 7:24-27)

¿Eres capaz de ver las similitudes entre las dos historias? Así como la elección de los materiales de construcción influyó en el destino de los tres cerditos, nuestra respuesta a los desafíos de la vida depende de nuestros cimientos. Las adversidades, como el lobo feroz, son inevitables, pero su impacto varía. Aquellos que invierten tiempo con Dios a través de las Escrituras y viven guiados por ella son fortalecidos, son como el cerdito que construyo con ladrillos y los que prestaron atención a las enseñanzas de Jesús que fueron plantados en tierra firme. Las tormentas y los desafíos de la vida vendrán, pero resistirán y se mantendrán firmes.

Entonces, la pregunta es: *¿Quién eliges ser? ¿Realmente quieres maximizar?* Entonces edifica tu vida sobre la roca inconmovible que es Cristo Jesús.

"Si quieres maximizar, edifica tu vida sobre la roca inconmovible que es Cristo Jesús".

La Importancia del Ayuno

Por último, el ayuno tiene una gran importancia. Incluso el líder más grande de todos los tiempos, Jesucristo, ayunó. Permítanme relatar un episodio durante el ayuno de Jesús:

"Luego el Espíritu llevó a Jesús al desierto para que allí lo tentara el diablo. Durante cuarenta días y cuarenta noches ayunó y después tuvo mucha hambre. En ese tiempo, el diablo se le acercó y le dijo: Si eres el Hijo de Dios, di a estas piedras que se conviertan en pan. Jesús le dijo: ¡No! Las Escrituras dicen: "La gente no vive solo de pan, sino de cada palabra que sale de la boca de Dios".

Después el diablo lo llevó a la santa ciudad, Jerusalén, al punto más alto del templo, y dijo: Si eres el Hijo de Dios, ¡tírate! Pues las Escrituras dicen: "Él ordenará a sus ángeles que te protejan. Y te sostendrán con sus manos para que ni siquiera te lastimes el pie con una piedra". Jesús le respondió: Las Escrituras también dicen: "No pondrás a prueba al Señor tu Dios".

Luego el diablo lo llevó a la cima de una montaña muy alta y le mostró todos los reinos del mundo y la gloria que hay en ellos. Te daré todo esto, dijo, si te arrodillas y me adoras. Vete de aquí, Satanás, le dijo Jesús, porque las Escrituras dicen: "Adora al Señor tu Dios y sírvele únicamente a Él" (Mateo 4:1-10, NTV).

Durante este período de ayuno, Jesús se enfrentó a la tentación del diablo. El diablo tentó a Jesús con nada nuevo, porque no es un creador, sino un imitador. Las tres tentaciones principales que todos los seres humanos enfrentarán son: 1) la lujuria de la carne, 2) la lujuria de los ojos y 3) la soberbia de la vida.

"Conocer la palabra de Dios es un arma para nosotros contra las trampas del enemigo".

Satanás trató de atacar la identidad de Jesús usando las mismas tentaciones principales que mencioné antes. Jesús ganó esta batalla recitando las poderosas palabras de Dios mientras ayunaba. Y así es como podrás maximizar tu vida y tu liderazgo, conociendo la palabra de Dios, porque es un arma para nosotros contra las trampas del enemigo.

Una Última Palabra Sobre el Ayuno

Muchas personas tienen miedo del ayuno, y algunas simplemente nunca experimentan los profundos beneficios espirituales que ofrece. En términos bíblicos, el ayuno generalmente implica abstenerse de comer (o de algo) con fines espirituales. También hay ayunos parciales, como el ayuno de Daniel, que permite el consumo de frutas y verduras (lea Daniel 10:3). Otro tipo de ayuno, el ayuno extremo, solo debe llevarse a cabo bajo la guía divina. Un ejemplo de tal ayuno se puede encontrar en el Libro de Ester, donde Ester llamó a todos a abstenerse de comer y beber durante tres días (Ester 4:16).

Otros ayunos parciales se pueden adoptar fácilmente, como el ayuno de la tecnología y el ajetreo. Puede tomarse medio día o un día completo lejos de la tecnología, que incluye su teléfono, computador, televisión y varias plataformas de redes sociales como Facebook, TikTok o Instagram. También existe la opción de un ayuno de abstinencia, como se describe en 1 Corintios 7:1-5, en el que eliges abstenerte de ciertas actividades, incluidos los pasatiempos y la intimidad sexual. También puedes entrar en un ayuno personal tipo retiro durante un tiempo determinado, por ejemplo, uno o más días, o participar en un ayuno corporativo con otras personas o líderes de manera creativa.

Tengo entendido que el objetivo principal del ayuno es establecer una conexión directa con el Espíritu Santo. Esencialmente, implica dejar a un lado cualquier cosa que pueda distraernos de este objetivo durante un período designado. Para los principiantes, esto puede parecer inicialmente inusual o incluso poco convencional, pero con la práctica experimentarás una creciente sensación de fortaleza y empoderamiento del Espíritu de Dios. Soy testigo de que las adicciones, las ataduras y las fortalezas se rompen con este tipo de formación espiritual. ¡Y pueden nacer nuevos hábitos!

"Estamos en medio de una batalla espiritual y en un viaje impulsado por un propósito".

Como declaró el apóstol Pablo en 2 Corintios 10:4 (NTV): *"Usamos las armas poderosas de Dios, no las del mundo, para derribar las fortalezas del razonamiento humano y para destruir argumentos falsos"*. Estamos en medio de una batalla espiritual y en un viaje impulsado por un propósito, y nuestras herramientas para maximizar nuestro potencial incluyen pasar tiempo con Dios a través de la oración, el estudio y la lectura de las Escrituras y el ayuno.

Reflexiones Finales...

Mi intención al compartir estas historias es inspirarte a buscar una conexión personal con Dios. Dios está presente en tu vida, a tu alrededor, y aquí contigo mientras lees estas páginas. Creo firmemente que te has encontrado con este libro (ya sea que lo hayas elegido o lo hayas recibido) porque Dios tiene un llamado y un propósito divino contigo. Dios desea obrar algo extraordinario en tu vida, y todo comienza con un encuentro con Jesucristo.

Desde mi encuentro con Jesús el 3 de septiembre de 2006, mi vida no ha sido la misma. Me he enfrentado a muchos altibajos, pruebas y tribulaciones, pero también he tenido un viaje de vida increíble caminando con Dios. Te invito a que hagas lo mismo. Te invito a pedirle a Dios que entre en tu corazón, a pedirle a Jesucristo que te guíe en esta próxima etapa de tu vida y liderazgo. Si realmente aspiras a maximizar tu potencial, no puedes hacerlo sin Dios.

Concluyo esta sección con este versículo inspirador: *"Y estoy seguro de que Dios, quien comenzó la buena obra en ustedes, la continuará hasta que quede completamente terminada el día que Cristo Jesús vuelva"* (Filipenses 1:6, NTV).

"Y estoy seguro de que Dios, quien comenzó la buena obra en ustedes, la continuará hasta que quede completamente terminada el día que Cristo Jesús vuelva".

¡Maximizando!

Ahora ha llegado la oportunidad de aplicar lo que estás aprendiendo a tu vida personal y profesional. Me gustaría que te tomaras unos minutos y respondieras a las siguientes preguntas de la manera más honesta posible:

1. ¿Qué significa para ti la disciplina y cómo la practicas actualmente en tu vida?

2. ¿Cuáles son las tres áreas principales de tu vida en las que te gustaría mejorar tu autodisciplina?

3. ¿Cómo calificaría su capacidad para mantener el enfoque y la concentración en una escala del 1 al 10? ¿Qué factores contribuyen a su calificación?

4. Si aplica, ¿Qué prácticas espirituales realizas actualmente y cómo contribuyen a tu crecimiento y bienestar personal? Si no, ¿algo te está impidiendo desarrollarlas?

5. ¿Cómo influyen sus creencias espirituales en sus acciones diarias y en su toma de decisiones?

LLAVE 12

ENCUENTROS QUE CAMBIAN VIDAS

"Algunas personas llegan a nuestras vidas y se van rápidamente. Algunos se quedan por un tiempo, y dejan huellas en nuestros corazones, para nunca ser los mismos". (Flavia Weedn)

La vida es un viaje marcado por momentos de profundo significado, encuentros que tienen el potencial de alterar nuestro rumbo, dar forma a nuestras perspectivas y redefinir la esencia de lo que somos. En este capítulo, conversaremos acerca de los encuentros que cambian la vida y exploramos el poder transformador que tienen. Estos encuentros, ya sea con personas, circunstancias o incluso dentro de nosotros mismos, son los catalizadores que pueden ayudar a liberar nuestro potencial y cumplir nuestro destino en la tierra.

No estoy hablando de ninguna interacción diaria o común con alguien. Me refiero a eventos que no son comunes, sino hilos de que se entretejen en la fibra de nuestro destino. Sirven como llamadas de atención, iluminando nuestros caminos con ideas que de otra forma nunca habríamos descubierto. Ya sea el encuentro afortunado con un amigo de toda la vida o un sorprendente giro del destino, estos momentos son súper importantes. Nos empujan a crecer, a ser más fuertes y a aprender más sobre nosotros mismos.

"Me refiero a eventos que no son comunes, sino hilos de que se entretejen en la fibra de nuestro destino".

Características Clave de los Encuentros que Cambian Vidas

Los momentos que cambian la vida son eventos o experiencias significativas en una persona que tienen un impacto profundo y duradero en sus creencias, valores, perspectivas y trayectoria general. Los momentos que cambian la vida pueden ser tanto positivos como negativos y pueden ser provocados por una variedad de factores, incluidas decisiones personales, circunstancias externas o eventos inesperados. Estas son algunas de sus principales características:

- **Impacto profundo:** Los momentos que cambian la vida tienen un efecto profundo y transformador en un individuo. Pueden alterar la comprensión que una persona tiene de sí misma, del mundo o de su misión en la tierra.

- **Naturaleza diversa**: Estos momentos pueden tomar varias formas. Pueden ser el resultado de decisiones personales como el matrimonio, la paternidad o los cambios de carrera, o pueden ser reacciones a circunstancias externas como desastres naturales, accidentes o la pérdida de un ser querido.

- **Cambio en los valores y prioridades:** Los momentos que cambian la vida a menudo impulsan a las personas a reevaluar sus valores, prioridades y metas. Pueden llevar a una reevaluación de lo que es importante en la vida.

- **Intensidad emocional**: Estos momentos suelen ir acompañados de fuertes reacciones emocionales, que pueden incluir alegría, tristeza, miedo o alivio. La intensidad emocional puede hacer que estas experiencias sean aún más memorables e impactantes.

- **Crecimiento personal**: Los momentos que cambian la vida pueden estimular el crecimiento y el desarrollo personal. Pueden obligar a las personas a enfrentar desafíos, interrumpir sus zonas de "*comodidad*", aprender nuevas habilidades o adaptarse a circunstancias cambiantes.

En el libro de los Hechos, el capítulo 9 describe el encuentro del apóstol Pablo (también conocido como Saulo) con Jesús en su camino a Damasco. Muy brevemente, permítanme contar la historia. Pablo, que había sido un fariseo, considerado un importante líder religioso referente a las reglas y leyes más estrictas, se dirigía a Damasco para perseguir a la iglesia. Estaba furioso porque una secta autonominada *"El Camino"* estaba convirtiendo a judíos y otros gentiles a la fe Cristiana. Además, recibió plena autoridad del Sumo Sacerdote para arrestar a cualquier cristiano que pudiera encontrar y encarcelarlo por sus delitos.

En el capítulo siete del libro de Hechos, aprobó el asesinato de un joven creyente llamado Esteban. Como se puede ver, estaba fuera de control y sin una buena agenda. Con mayor detalle, Hechos capítulo 9 describe lo que sucedió con Saulo, que, en mi opinión, es uno de los encuentros más intensos y transformadores registrados en la Biblia:

"Mientras tanto, Saulo pronunciaba amenazas en cada palabra y estaba ansioso por matar a los seguidores del Señor. Así que acudió al sumo sacerdote. Le pidió cartas dirigidas a las sinagogas de Damasco para solicitarles su cooperación en el arresto de los seguidores del Camino que se encontraran ahí. Su intención era llevarlos, a hombres y mujeres por igual, de regreso a Jerusalén encadenados.

Al acercarse a Damasco para cumplir esa misión, una luz del cielo de repente brilló alrededor de él. Saulo cayó al suelo y oyó una voz que le decía: ¡Saulo, Saulo! ¿Por qué me persigues? ¿Quién eres, señor?, preguntó Saulo. Yo soy Jesús, ¡a quien tú persigues!, contestó la voz. Ahora levántate, entra en la ciudad y se te dirá lo que debes hacer.

Los hombres que estaban con Saulo se quedaron mudos, porque oían el sonido de una voz, ¡pero no veían a nadie! Saulo se levantó del suelo, pero cuando abrió los ojos, estaba ciego. Entonces sus acompañantes lo llevaron de la mano hasta Damasco. Permaneció allí, ciego, durante tres días, sin comer ni beber".

Cuando leí este pasaje por primera vez, sentí que un cuchillo me atravesaba el corazón. ¡Empecé a llorar y caí al suelo pidiéndole a

Dios que por favor me perdonara! Me vi a mí mismo en *Saulo*. Vi a una persona muy religiosa que estaba persiguiendo a la iglesia y con una actitud de juicio. Como expliqué anteriormente, solía ser una persona muy inmadura y crítica, e incluso aun queriendo tener una relación con Jesús, atacaba a la iglesia con mis pensamientos y actitudes religiosas.

Tal vez tú también te identifiques con esto. Es muy fácil criticar lo que ignoramos. Tal vez has juzgado erróneamente a personas que consideras religiosas o diferentes injustamente. Aunque la mayoría de nosotros tenemos prejuicios y discriminamos de una forma u otra, esto es algo que debemos mejorar continuamente.

Nuevos Comienzos

El pasaje de Hechos 9, la transformación del apóstol Pablo, de alguna manera resume todos los principios claves de este libro con respecto a maximizar nuestras vidas. Permítanme explicarte por qué digo esto.

En primer lugar, vemos que la transformación personal comenzó con un encuentro o revelación significativa, aquel único momento en el que nuestra comprensión se altera profundamente. Es posible que esto no siempre se manifieste de manera dramática como le paso a Pablo, pero tendrá un impacto significativo en nuestras vidas.

"La transformación personal comenzó con un encuentro o revelación significativa, aquel único momento en el que nuestra comprensión se altera profundamente".

La historia de Saulo también enfatiza la importancia de la autorreflexión y el reconocimiento de nuestras faltas y creencias equivocadas. Esto es lo que en coaching llamamos *"autorresponsabilidad"*. No es una excusa para lo que no tenemos o hicimos. Mucho menos es el *"juego de culpar"*.

La autorresponsabilidad es el concepto de asumir la responsabilidad de nuestras propias acciones, decisiones y consecuencias. Implica reconocer que eres responsable de tu propia vida, decisiones y bienestar. La autorresponsabilidad significa reconocer que tienes el poder de dar forma a tu destino y que los factores externos, si bien pueden influir en tus circunstancias, no necesariamente determinan tus resultados finales.

El viaje de Saulo hacia la transformación personal está marcado por la humildad, ya que reconoce abiertamente sus errores y la necesidad de un camino diferente. Además, dejarse guiar de mentores o personas de confianza, como lo hizo Saulo cuando Dios lo envía con Ananías, es otro principio fundamental. El crecimiento personal a menudo requiere la sabiduría y la asistencia de aquellos que pueden ofrecernos dirección durante el proceso de transformación.

Tomar acción y obedecer las instrucciones recibidas es esencial para convertir el deseo de cambio en una realidad. La historia de Saulo ilustra que la transformación personal es a menudo un viaje lleno de desafíos y dificultades, que exige resiliencia y perseverancia para superar obstáculos y contratiempos en el camino. Un aspecto significativo de la transformación personal es el desarrollo de una nueva identidad, simbolizada por el cambio de Saulo de Fariseo a apóstol de Jesucristo. Este cambio en la identidad significa un cambio en la autopercepción y en la forma en que los demás nos ven. A menudo, es una parte integral del proceso de transformación. La transformación de Saulo también le dio un nuevo propósito: *pasar de perseguir a la iglesia a difundir las buenas nuevas del Evangelio.* La transformación personal a menudo conduce a un sentido de propósito redefinido y una misión que se alinea con los valores y creencias fundamentales de cada uno de nosotros.

Además, los temas del perdón y la redención son evidentes en la transformación de Pablo, destacando que el crecimiento personal implica perdonarse a sí mismo y buscar la redención por las acciones pasadas. Finalmente, la transformación de Saúl tuvo un profundo impacto en los demás, sirviendo como fuente de inspiración e influyendo en quienes lo rodeaban. La transformación personal puede, a su vez, inspirar y guiar a otros, demostrando la posibilidad de cambio, crecimiento y el potencial de un impacto significativo en el mundo. ¿No es poderosa esta historia?

En mi caso, Dios usó una iglesia predominantemente Afroamericana para liberarme de mi religiosidad y esclavitud. Creo firmemente que Dios usó un encuentro desconocido que cambió mi vida para alejarme de mi zona de "*comodidad*" y familiaridad tóxica, la cual era dañina para mi bienestar espiritual.

"Creo firmemente que Dios usó un encuentro desconocido que cambió mi vida para alejarme de mi zona de "comodidad" y familiaridad tóxica, la cual era dañina para mi bienestar espiritual".

Sabemos que no podemos dictar cómo Dios intervendrá en nuestras vidas. Dios sabe lo que es mejor y creará un camino para ti superior al que puedas imaginar. En segundo lugar, Dios puede usar personas, lugares y circunstancias que pueden ser desconocidos para nosotros, y es imperativo mantener una mente abierta. Esto incluye métodos, formas y procesos no convencionales que pueden ser diferentes a nuestras prácticas habituales. Además, lo que puede parecer poco común para ti puede ser bastante ordinario para otros.

No pierdas las bendiciones de Dios por miedo a lo desconocido. A veces, Dios se manifiesta en lo poco común. Como declaró el profeta Jeremías en el capítulo 29:11: *"Pues yo sé los planes que tengo para ustedes, dice el Señor, son planes para lo bueno y no para lo malo, para darles un futuro y una esperanza"*. Por lo tanto, trata de no controlarlo todo y permite que el Espíritu Santo te libere de ese espíritu controlador. No es saludable para ti ni para los demás.

"Pues yo sé los planes que tengo para ustedes, dice el Señor, son planes para lo bueno y no para lo malo, para darles un futuro y una esperanza".

Una Cosa Llamada Vida

En 2003, recibí una baja honorable de los Marines y regresé a Dunkirk, Nueva York, para continuar el viaje de mi vida. Durante este período, me enfrenté a varios desafíos que me llevaron a alejarme de la iglesia y comencé a luchar contra el alcoholismo.

A la edad de 23 años, desarrollé el hábito de beber en exceso. Recuerden que inicialmente había dejado Dunkirk, Nueva York con la idea de mejorar mi vida sirviendo en los Marines. Volví a los viejos hábitos, pasando tiempo con personas que carecían de dirección y estaban involucradas en comportamientos dañinos. Este estilo de vida se convirtió en una rutina destructiva, llevándome por caminos improductivos.

Quizás te preguntes cómo pasé de una fuerte conexión con Dios a un período de abuso de sustancias. Dejame explicarte mejor. En esencia, la lección central aquí es que nunca nos sintamos demasiado cómodos con nuestro bienestar y nuestras prácticas espirituales, que olvidemos la esencia de nuestra fe. Entre 2001 y 2003, me encontré con una serie de dificultades significativas que fueron abrumadoras. El fallecimiento de una de mis tías en 2001 nos afectó profundamente a mí y a mi familia.

También sobreviví a dos accidentes automovilísticos que pusieron en peligro mi vida durante este tiempo, uno de los cuales me dejó una cicatriz en la cara. El hecho de que esté vivo hoy es un testimonio de la gracia de Dios. Estos accidentes también causaron lesiones cerebrales traumáticas. No estoy poniendo ninguna excusa del porqué me distancié de mi comunidad de fe. Solo estoy explicando mi contexto en ese momento.

Sin embargo, no pasó mucho tiempo antes de que me encontrara adicto y ahora distribuyendo las mismas drogas que antes me esclavizaron. Era una clara violación del conocido refrán: *"Nunca consumas tu propio suministro"*. Ciertamente, no apruebo el tráfico de drogas ni el consumo de drogas, ya que ambos son perjudiciales para las personas y la sociedad. Además, mi experiencia previa con Dios y un encuentro con Jesús deberían haberme guiado hacia decisiones más sabias.

En septiembre de 2006, busqué ayuda e ingresé en un centro de rehabilitación durante tres días. Durante ese tiempo allí, me sentí miserable y tuve pensamientos suicidas. Recuerdo claramente un día sombrío y lluvioso en el que me sentí aislado y solo, echando de menos el apoyo de amigos y familiares. Miré por la ventana y le pregunté a Dios: *"Si tienes algún plan para mí, ahora sería un buen momento para ponerlo en marcha"*. Sin embargo, no podía prever la llegada de un nuevo día.

A la mañana siguiente, sucedió algo extraordinario. Me desperté sintiéndome increíblemente alegre y tenía un sentido más claro de mí mismo que había estado ausente durante años. Es importante tener en cuenta que antes de buscar ayuda, había estado con un grupo de personas, consumiendo sustancias durante varios días, lo que provocó mi deterioro físico y emocional. Despertar con ese nivel de alegría y un renovado sentido de potencial fue una poderosa transformación. Me sentí lleno de energía y reconecté con la grandeza que había estado durmiendo durante mucho tiempo dentro de mí.

Un Encuentro Divino: Reconectando con Jesús

Sin demora, escuché una voz que me susurró: *"Me dijiste que hiciera algo contigo"*. Abrumado por la comprensión de que era Jesús quien se me había revelado una vez más, caí al suelo y mis lágrimas fluían libremente. Este era el mismo Jesús que me había encontrado anteriormente en mi habitación en Twentynine Palms, California. Vino al centro de rehabilitación en Gowanda, Nueva York, para liberarme una vez más de mi adicción y la desesperación. Este es el mismo Jesús que me salvó de dos accidentes automovilísticos cercanos a la muerte y de una vida de malas decisiones. Cristo siempre está listo para ayudarte, sin importar en qué parte de tu vida te encuentres. Estoy aquí para decirte que si Dios me ayudó a mí, también puede ayudarte a ti.

"Escuché una voz que me susurró: "Me dijiste que hiciera algo contigo". Abrumado por la comprensión de que era Jesús quien se me había revelado una vez más, caí al suelo y mis lágrimas fluían libremente".

Me levanté e hice algo inusual. Llamé a la oficina del centro de rehabilitación y les pedí que le dijeran a mi mamá que quería irme. No podían creerlo y me pidieron que les explicara qué sucedía. Les dije que estaba seguro de que quería irme, a pesar de que se suponía que debía quedarme de 30 a 60 días. Me advirtieron que no podía volver si me iba. Estaba seguro de que Dios me había cambiado en solo tres días, y quería compartirlo con los demás. Así que, ese día, salí del centro y nunca más regresé.

Me enteré de que esa noche la iglesia de mi abuela tendría servicio y decidí ir allá. Pensé que era importante declarar públicamente mi fe en Jesús, a pesar de que todavía seguía algunas prácticas cristianas tradicionales. Lo principal era que quería ser parte de una comunidad de creyentes y cambiar mi vida.

En esa noche especial, la Pastora Abby Nieves predicó poderosamente. Mientras ella hablaba, solo pensaba en pasar al frente de la iglesia para orar y públicamente, reconciliarme con Jesucristo. Esto ocurrió el 3 de septiembre de 2006. Sorprendentemente, todo lo que la Pastora Abby habló esa noche sentía como si fuera solo para mí. Sus palabras, historias y ejemplos se sentían como si estuvieran describiendo mi propia vida. Es un testimonio de cómo Dios obra de maneras inusuales cuando tiene un plan para tu vida. Dios te alcanzará sin importar dónde te encuentres y te ayudará a dar sentido a tus circunstancias para acercarte a Dios. Eso fue lo que exactamente me pasó a mí.

Después de que la Pastora Abby terminó su sermón, invitó a la gente al frente, y creo que yo ya estaba allí, esperando ansiosamente que ella orara conmigo. Cuando comenzó a orar, le dije que quería declarar públicamente mi regreso a Jesús y mi deseo de un nuevo comienzo. Ella estaba entusiasmada y oró por mí. Pero algo inesperado sucedió mientras oraba. Ella comenzó a hablar a mi vida y situación proféticamente, lo que significa que el Espíritu Santo estaba guiando sus palabras mientras me ministraba.

El apóstol Pablo afirma en 1 Corintios 14:22-25 (NTV):

"Así que, como ven, el hablar en lenguas es una señal no para los creyentes sino para los incrédulos. La profecía, sin embargo, es para el beneficio de los creyentes, no de los incrédulos. Aun así, si los incrédulos o la gente que no entiende esas cosas entran en la reunión de la iglesia y oyen a todos hablando en un idioma desconocido, pensarán que ustedes están locos;

pero si todos ustedes están profetizando, y los incrédulos o la gente que no entiende esas cosas entran en la reunión, serán convencidos de pecado y juzgados por lo que ustedes dicen. Al escuchar, sus pensamientos secretos quedarán al descubierto y caerán de rodillas y adorarán a Dios declarando: «En verdad, Dios está aquí entre ustedes»".

Estas palabras de Pablo tuvieron un impacto en mí esa noche. A través de la Pastora Abby, Dios me profetizó para hablarme de una manera que nunca antes había experimentado. El Espíritu Santo guio sus palabras, revelando detalles y experiencias personales que solo Dios y yo conocíamos. Mencionó momentos específicos, como cuando me puse cierta camisa mientras buscaba algo o alguien en una calle en particular. Recordó momentos en los que el miedo me abrumaba mientras intentaba hacer cosas, todos eventos de mi pasado que nadie conocía.

Quedó claro que sus oraciones y palabras no eran solo suyas, sino inspiradas por el Espíritu Santo. Como dice la Escritura, me sentí "convencido de mis pecados, mis pensamientos internos quedaron al descubierto y me arrodillé, adorando a Dios". Entiendo que si nunca has experimentado este tipo de experiencia, todo esto te puede parecer extraño, y lo respeto. Pero este fue mi encuentro personal con Jesús, una parte importante de mi vida.

"Este fue mi encuentro personal con Jesús, una parte importante de mi vida".

Mientras estaba en el suelo con lágrimas en los ojos, la Pastora Abby seguía orando por mí. Entonces dijo estas poderosas palabras: *"Pero levántate ahora. Ahora es tu momento. Es tu momento de servirme con un corazón sincero y compartir el mensaje que te he dado con personas de todo el mundo"*. A pesar de que apenas podía moverme, me sentí profundamente conmovido.

Después de secarme las lágrimas, recuerdo que nos abrazamos. Sentí como si Jesús mismo me estuviera abrazando. La Pastora Abby Nieves y esta iglesia se convirtieron en una guía importante en mi vida por años. Estoy muy agradecido con ella y con personas como ella que se comprometen a servir a los demás, especialmente a los nuevos creyentes en la fe.

Todo el Mundo Está Invitado

Al igual que Saulo (también conocido como Pablo) y yo, las influencias culturales, tradiciones, el contexto social, el pecado, las adicciones y la educación a veces pueden cegarnos. Así como Jesús se encontró con Pablo en el camino a Damasco, también se encontró conmigo dos veces, dándome una segunda oportunidad y un nuevo comienzo. ¿Estás abierto a recibir un encuentro divino? ¿Eres receptivo a escuchar la voz de Dios? ¿Deseas tener una experiencia que te lleve de la práctica religiosa a una relación más profunda e íntima con Jesús?, o ¿Te conformarás con lo que sabes y cómo siempre has hecho las cosas? ¿Aceptarás menos cuando Dios tenga la intención de ofrecerte más?

"¿Aceptarás menos cuando Dios tenga la intención de ofrecerte más?"

Si deseas el más profundo, poderoso y eterno encuentro de vida que puedas tener, te extiendo una invitación a hacer la siguiente oración hasta que alcances un nivel más alto de conexión divina. No te limites a esta oración. Considérala como un punto de partida y deja que Dios te guíe. Dígalo conmigo:

"Querido Dios, quiero expresar mi gratitud por este día y la oportunidad de profundizar mi conocimiento de ti y experimentar una relación más cercana. Reconozco mi incapacidad para hacer algo bueno sin ti.

Quiero conocerte y experimentar un nivel más alto de espiritualidad, piedad e intimidad. Te invito a entrar en mi corazón, pidiéndote que me llenes de tu Espíritu.

Quiero pasar de la religión a una conexión más profunda contigo. Creo en el sacrificio de Jesucristo en la cruz, perdonando todos mis pecados.

Deseo vivir de acuerdo a tu llamado para mí. Dirige mi vida y revélame qué cambios necesito hacer y qué acciones debo tomar. Hoy, me entrego y te invito a entrar. En el nombre de Jesús, oro. Amén".

Si has hecho esta importante oración, creo con toda seguridad de que Dios continuará guiando tus pasos y apoyándote en tu proceso. Dios está profundamente comprometido en tu crecimiento personal y espiritual y nunca te abandonará.

Te recuerdo lo que Jeremías declaró: *"Pues yo sé los planes que tengo para ustedes, dice el Señor. Son planes para lo bueno y no para lo malo, para darles un futuro y una esperanza"* (Jeremías 29:11, NTV). Por lo tanto, no pierdan la esperanza, porque Dios nunca ha perdido la fe en ti y ha prometido estar contigo para siempre.

¡Maximizando!

Ahora ha llegado la oportunidad de aplicar lo que estás aprendiendo a tu vida personal y profesional. Me gustaría que te tomaras unos minutos y respondieras a las siguientes preguntas de la manera más honesta posible:

1. ¿Puedes recordar un encuentro específico que haya transformado significativamente tu vida? ¿Qué lo hizo tan impactante?

2. ¿Cómo podemos buscar activamente encuentros que cambien la vida en nuestra vida diaria?

3. ¿Alguna vez has perdido la oportunidad de un encuentro que te cambiará la vida debido al miedo o la vacilación? ¿Qué aprendiste de esa experiencia?

4. ¿Cómo defines la autorresponsabilidad y por qué es crucial en el desarrollo personal?

5. ¿De qué maneras puede influir el encuentro con Jesús en el sentido de propósito y dirección de tu vida?

PALABRAS FINALES...

Al concluir este libro, nos encontramos comenzando un nuevo viaje de vida. De hecho, así es cómo funciona la vida: *donde se cierra un capítulo, se abre otro*. El concepto original de este libro surgió mientras estaba sentado en mi auto, esperando pacientemente a mi increíble esposa, Ruby, en Orlando, Florida.

Estábamos al borde de una nueva aventura, ya que ella estaba a punto de comenzar su viaje a la escuela de medicina en Barbados. Escribí el borrador inicial de este libro en la biblioteca de American University of the Caribbean, School of Medicine en San Martín y hoy escribo desde nuestro nuevo hogar en Orlando, Florida. Ruby está a punto de completar sus cursos de la facultad de medicina y comenzará en breve la fase clínica de sus estudios. Los giros y vueltas de la vida nos han llevado a cerrar el círculo, un testimonio de la forma inesperada, pero hermosa, en que se desarrollan las cosas.

Mientras escribíamos este libro, mi esposa y yo nos enfrentamos a numerosos desafíos en el camino. Esto incluyó que ambos nos enfermáramos, lo que llevó a Ruby a tener que tomar una excusa médica por enfermedad de la escuela y yo tuve que someterme a un tratamiento médico en mi cadera. Tenía que hacer viajes de trabajo mensuales entre San Martín a Berkeley, que duraban todo el día cada vuelo por la distancia. Inesperadamente, mi abuelo, Pedro Rios, falleció en 2022, y mi querida abuela, Lourdes Méndez, falleció en 2023. Buscamos constantemente asesoramiento y mentorías para mejorar nuestro crecimiento personal, profesional y relacional. Somos intencionales acerca de nuestro bienestar general. Los desafíos y los inconvenientes son parte de la vida. Sin ellos, no podemos poner a prueba nuestra resiliencia y compromiso con nuestros objetivos.

Al final, todo es cuestión de perspectiva. Experimentamos la alegría de explorar las encantadoras islas de Barbados y San Martín, que nos proporcionaron un mejor acceso a Puerto Rico. Tuve el privilegio de una gratificante oportunidad de trabajo en Berkeley, California, mientras el viaje de mi esposa como médica continúa evolucionando. Me involucré en compromisos de capacitación y conferencias para varios grupos profesionales, sociales y de la iglesia, haciendo nuevos amigos y probando nuevas comidas, disfrutando de playas impresionantes y un sinnúmero de otras aventuras encantadoras, haciendo que la lista de nuestros preciados recuerdos crezca cada vez más.

Lo que estoy tratando de decir es que en tu viaje hacia la maximización, vas a tener altibajos, pruebas y tribulaciones, y bendiciones, todo al mismo tiempo. Eso es parte de la vida y todos los líderes pasan por esto. Por lo más que quieras, ¡No te rindas! Creo que a lo largo de este libro te he mostrado varios principios y razones por las que no podemos abandonar el camino hacia nuestro propósito.

Puedes volver atrás a las páginas y leer de nuevo todo hasta que tengas estas llaves dentro de tu corazón, como parte de tu ADN de liderazgo. No sé lo que ocurrirá a medida que continuemos nuestro nuevo capítulo de descubrimientos y curiosidades, pero sé que seguiré peleando la buena batalla de la fe confiando en Dios en todo tiempo. Tampoco estoy seguro de en qué voy a fallar, pero tarde o temprano llegará ese momento. ¡Te lo garantizo! Tengo confianza y estoy comprometido con "*aprender, desaprender y reaprender*", pero también con "*hacer, deshacer y rehacer*", para continuar maximizando mi vida y liderazgo.

Estoy decidido a escribir más libros como este, ayudando a más personas como tú, por lo que seguiré siendo resistente frente a la volatilidad, la incertidumbre, la complejidad y la ambigüedad (¡VUCA!). Estaré conforme, pero también ambicioso, y continuaré buscando consejos sabios y entrenamiento de mentores y otras personas que han estado donde estoy tratando de ir y han hecho lo que estoy tratando de hacer. Espero que no haya sido en vano el tiempo que has pasado conmigo en este viaje de superación personal, desarrollo y liderazgo. Espero que juntos podamos hacer de este mundo un lugar mejor para las generaciones futuras. Como dijo Salomón una vez:

"Hay una temporada para todo, un tiempo para cada actividad bajo el cielo. Un tiempo para nacer y un tiempo para morir. Un tiempo para sembrar y un tiempo para cosechar. Un tiempo para matar y un tiempo para sanar. Un tiempo para derribar y un tiempo para construir. Un tiempo para llorar y un tiempo para reír.

Un tiempo para entristecerse y un tiempo para bailar. Un tiempo para esparcir piedras y un tiempo para juntar piedras. Un tiempo para abrazarse y un tiempo para apartarse. Un tiempo para buscar y un tiempo para dejar de buscar. Un tiempo para guardar y un tiempo para botar. Un tiempo para rasgar y un tiempo para remendar. Un tiempo para callar y un tiempo para hablar. Un tiempo para amar y un tiempo para odiar. Un tiempo para la guerra y un tiempo para la paz" (Eclesiastés 3:1-8, NTV).

¡Ahora Es El Tiempo De Maximizar!

ACERCA DEL AUTOR

Dr. Peter Rios

El Dr. Peter Rios es orador, educador, autor y coach de liderazgo. Ha trabajado como consultor de liderazgo y coach con iglesias, instituciones religiosas, empresas, instituciones educativas y organizaciones sin fines de lucro, incluyendo Duke Divinity School, Harvard University, el Departamento de Asuntos de Veteranos y Lilly Endowment.

El Dr. Rios ha sido invitado a hablar y capacitar líderes a nivel nacional e internacional. Anteriormente, se desempeñó como profesor asociado de liderazgo organizacional y estudios interculturales en la Pacific School of Religion, profesor de estudios de liderazgo en Pennsylvania State University y ha sido profesor afiliado en varias instituciones que enseñan a estudiantes de bachillerato y nivel graduado.

Rios también ha sido vicepresidente de dos universidades. Antes de ingresar al mundo académico, estuvo involucrado en el ministerio pastoral durante más de diez años y tiene más de veinte años de experiencia en desarrollo de liderazgo.

Rios tiene un Doctorado en Estudios Interculturales (Ph.D.), un Doctorado en Liderazgo Estratégico (DSL) y completó un trabajo de doctorado adicional en liderazgo educativo. Peter está casado con la Dra. Ruby González Rios, investigadora de cáncer y enfermedades infecciosas. Le gusta disfrutar de una buena taza de café, sigue la NBA, nadar en el Mar Caribe, probar nuevas comidas y restaurantes, conocer gente nueva y pasar tiempo con amigos y familiares. Además, Peter es veterano de los Marines de los Estados Unidos.

Para más información, por favor visite:

www.peterriosconsulting.com

Síguenos en las redes sociales @drpeterrios

REFERENCIAS

- "An African American and Latinx History of the United States" by Paul Ortiz, a US Army Ranger Veteran and scholar at the University of Florida.

- Richard Foster, *Celebration of Discipline: The Path to Spiritual Growth* (New York, NY: Harper Collins Publishers, 1998), 48-49.

- New Living Translation (NLT). Holy Bible, New Living Translation, copyright © 1996, 2004, 2015 by Tyndale House Foundation. Used by permission of Tyndale House Publishers, Inc., Carol Stream, Illinois 60188. All rights reserved.

- Understanding the Fundamentals of Creativity, Innovation and Entrepreneurship, Ed.D. Organizational Change and Leadership, Spring 2018 syllabus.

Internet links:

- Matt Gavin. Leadership self-assessment: how effective are you? Harvard Business School Online, Nov. 21, 2019. www.online.hbs.edu/blog/post/leadership-self-assessment
- Tyler Perry: God's Guidance to Your Dreams: www.youtube.com/watch?v=ZZbG0U-Og84&t=8s
- The Three Little Pigs Story: https://en.wikipedia.org/wiki/The_Three_Little_Pigs
- 10 Different Types of Fasts in the Bible: https://www.gfc.cc/mt-content/uploads/2018/01/10-different-types-of-fasts-in-the-bible.pdf
- https://dictionary.cambridge.org/dictionary/english/maximizing
- https://www.sfgate.com/business/article/How-Amazon-factor-killed-retailers-like-6378619.php
- The Upwork Team. 5 Top Examples of Leadership Self-Assessment. Mar 8, 2023. https://www.upwork.com/resources/leadership-self-assessment-examples

Made in the USA
Middletown, DE
12 November 2025

20547587R00130